Margret Feils

Die KLAVIER-SPIEL-SCHULE

mit Lilli und Resa

Band 1

Illustrationen
von Martin P. Hirschberg

Inhalt

Vorwort

Die vorliegende Klavier-Spiel-Schule in 3 Bänden richtet sich vor allem an die jungen Klavierschüler. Mit Band 1 kann jederzeit im Grundschulalter begonnen werden.

Wie der Titel schon verrät, geht es hier sehr spielerisch zu. Die beiden Hauptfiguren (*Lilli* und *Resa*) begleiten die Schüler durch die ersten beiden Bände kontinuierlich und ziehen sich erst im 3. Band allmählich von der Bildfläche zurück.

Lilli und *Resa* übernehmen die Rolle der Entdecker und Erfinder und bieten eine vorzügliche Chance, den Klavierunterricht in Zweiergruppen durch Rollenspiel zu gestalten. Selbstverständlich kann auch der Einzelunterricht mit diesem sinnvollen Lernmedium bereichert werden.

Auch die Texte, häufig in Dialogform angelegt, dienen dazu, das Unterrichtsgeschehen lebhaft und spielerisch zu gestalten. Da diese Texte den Lernstoff ausführlich behandeln, sind sie für die Schüler, die schon lesen können, eine wertvolle Lernhilfe. Aber auch das elterliche Vorlesen kann den Klavierunterricht aktiv unterstützen. Desweiteren bleibt es dem/der unterrichtenden Lehrer/in überlassen, inwieweit er/sie diese Texte als Grundlage zum Unterrichtsgespräch, bzw. zum Rollenspiel einfließen lässt.

Ich bin besonders froh, in Martin P. Hirschberg einen so einfühlsamen und phantasievollen Illustrator gefunden zu haben. Die Illustrationen in dieser Klavier-Spiel-Schule sind nicht bloßes Beiwerk zur Auflockerung der Gesamterscheinung sondern beziehen sich immer wieder auf die Lerninhalte und stellen diese konkret und für das Kind gut nachvollziehbar dar. Sie sind bewusst so angelegt, dass sie vom Kind ausgemalt werden können. In diesem Sinne haben wir auf Farbillustrationen verzichtet.

Spielerisch werden auch gezielte Hörübungen angegangen. Unter dem Motto „TÖNERATEN" werden Aufgaben gestellt, die als Partnerspiel (Lehrer/in und Schüler/in bzw. Schüler/in und Schüler/in) geübt bzw. gelöst werden können.

Unter dem Begriff „MUSIKERSPRACHE" werden alle wichtigen und neuen Begriffe kurz und prägnant zusammengefasst.

Gezielte Fingerübungen, welche die Unabhängigkeit der Finger sowie unverkrampftes Spiel ermöglichen, finden sich unter der Rubrik „FINGERTRAINING".

Viele Anregungen zu Lernspielen erweitern die Lernerfahrung zusätzlich, wobei auch hier die Möglichkeit genutzt werden kann, im Gruppenunterricht echte Wettspiele zu initiieren.Von Anfang an wird dem eigenen Gestaltungswillen des Schülers bzw. der Schülerin Rechnung getragen: ins Buch malen, eintragen und selbst Erfundenes notieren lernen gehören zu dieser Klavier-Spiel-Schule immer dazu.

Ganz bewusst vollzieht sich der Weg zum Klavierspiel hier zunächst ohne Noten. Die elementaren musikalischen Erfahrungen werden anhand von freiem Spiel zu gegebenen Texten gemacht, so dass von Beginn an das musikalische Hören in das Klavierspiel mit einbezogen wird. Motive erfinden bzw. nachahmen steht hier im Vordergrund.

Die elementare Musiklehre wird ausschließlich anhand von praktischer Erfahrung dargelegt und erlernt.

Die Auswahl der Musik richtet sich an den heutigen Schüler, der nicht mehr ausschließlich mit Volksmusik und klassischem Spielmaterial zu motivieren ist. Zeitgemäße Stücke sowie Einflüsse aus der Blues- und Popmusik erhalten daher ebenso Raum wie Originalkompositionen großer Meister.

Es wurde versucht, der Entwicklung des Kindes mit entsprechendem Liedgut sowie zunehmend anspruchsvolleren Musikstücken gerecht zu werden. Die Erfahrung zeigt: Je farbenfroher die Palette des Lernangebots ist, umso fröhlicher und phantasievoller nimmt der Schüler Anteil am Geschehen. Und nur mit innerem Anteil angenommenes Lernen führt zu einer wirklichen und dauerhaften musikalischen Erfahrung, die das Leben so sehr bereichern kann.

Margret Feils

Lilli und Resa stellen sich vor

Lilli und Resa, das sind die beiden Figuren, die dich das ganze Buch hindurch begleiten werden.

Sie machen so allerlei Erforschungen und Experimente und erfinden immer wieder etwas Neues!

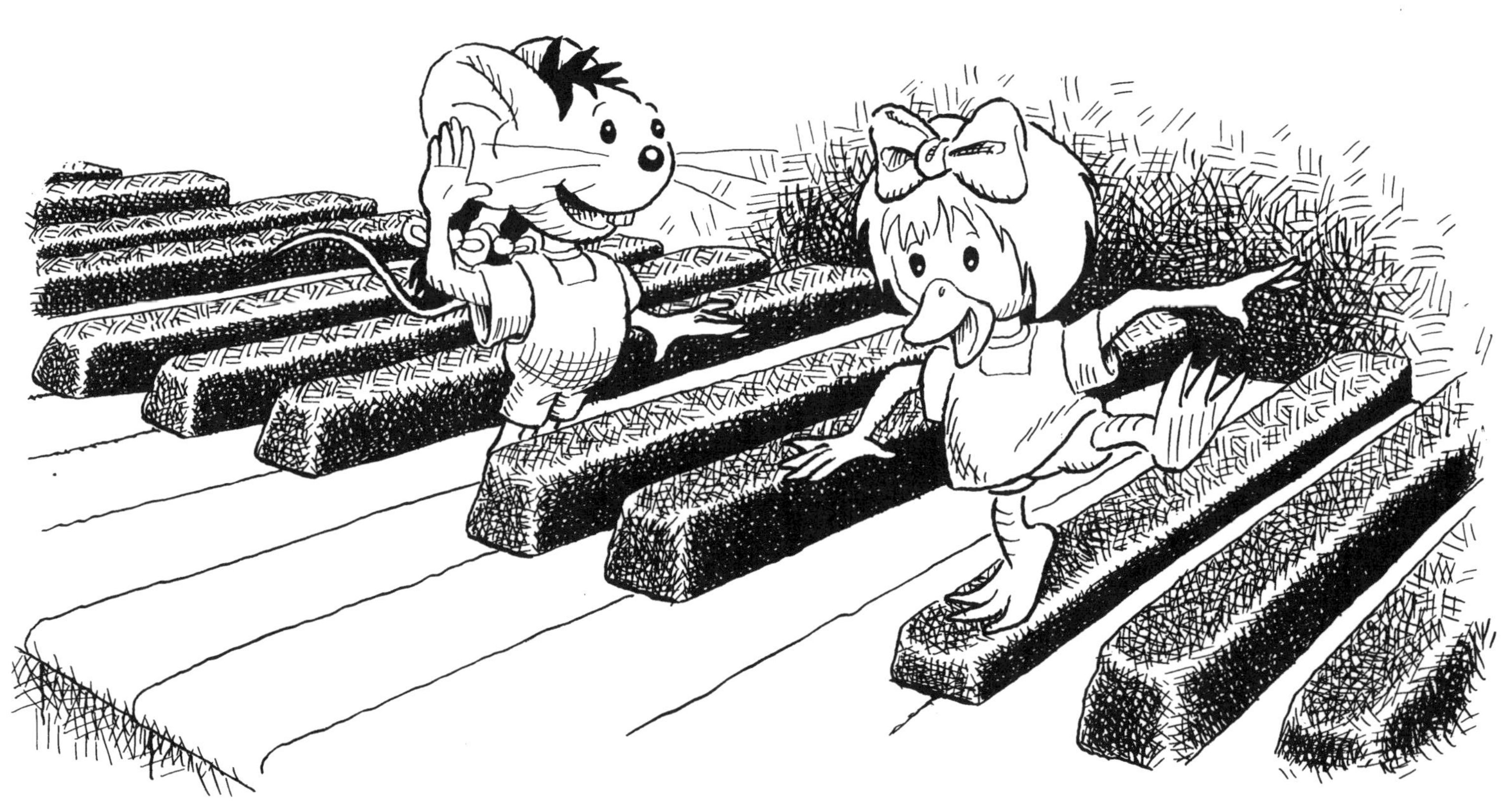

Du kannst deine Hände ja nach den beiden benennen:
Leg sie einfach auf die Gesichter von Lilli und Resa und zeichne sie mit einem Stift nach.

Lilli heißt deine **linke Hand ...** und **Resa** heißt deine **rechte Hand.**

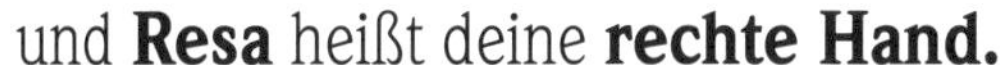

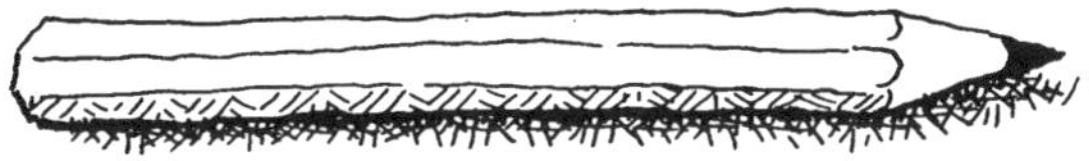

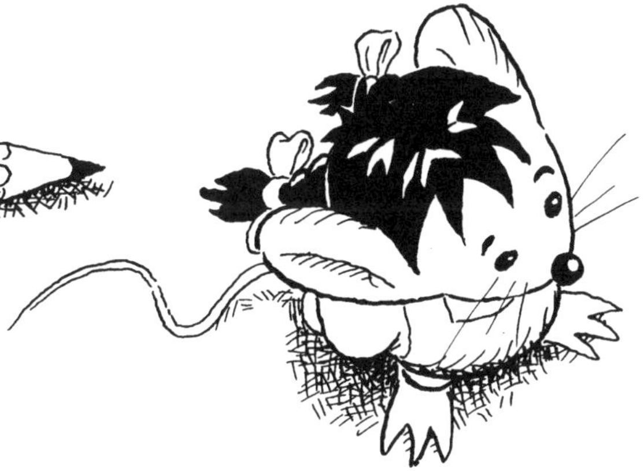

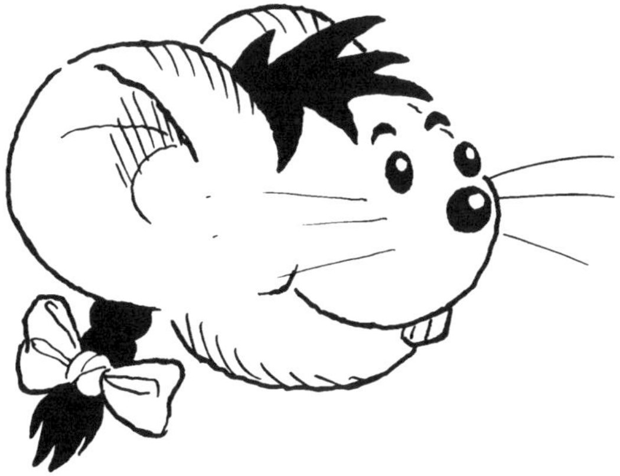

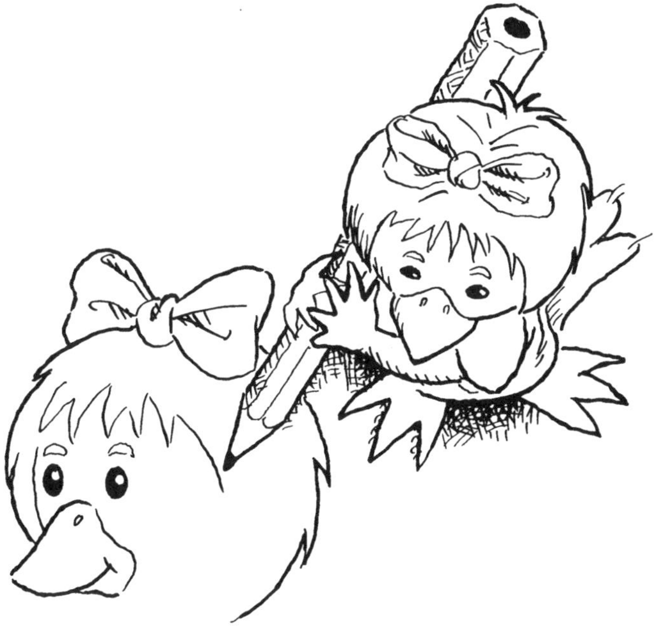

Lilli, die Linke, gibt an:

„Was ich alles kann, ich zapple und wackle mit meinen Fingern, ich lass sie stolzieren, dann rennen und rasen und laufen – so schnell wie der Wind!"

„Ach was, das kann ich schon lange", sagt **Resa, die Rechte,** und dann beginnt sie, mit ihren Fingern auf dem Klavierdeckel zu trommeln, dass Lilli schon fast an Regen glaubt.

Und das große Wettspiel beginnt: Wer ist schneller, wer lauter, wer weiß, wie man sich am leichtesten schnell und geschmeidig bewegen kann?

„Mit Holzfingern jedenfalls nicht“ sagt Resa.

„Mit Gipsbeinen auch nicht“ sagt Lilli. Also wie denn?

„Beweglich, locker und frei, so wie Beine, wenn sie laufen!“

„Lass mal probieren!“

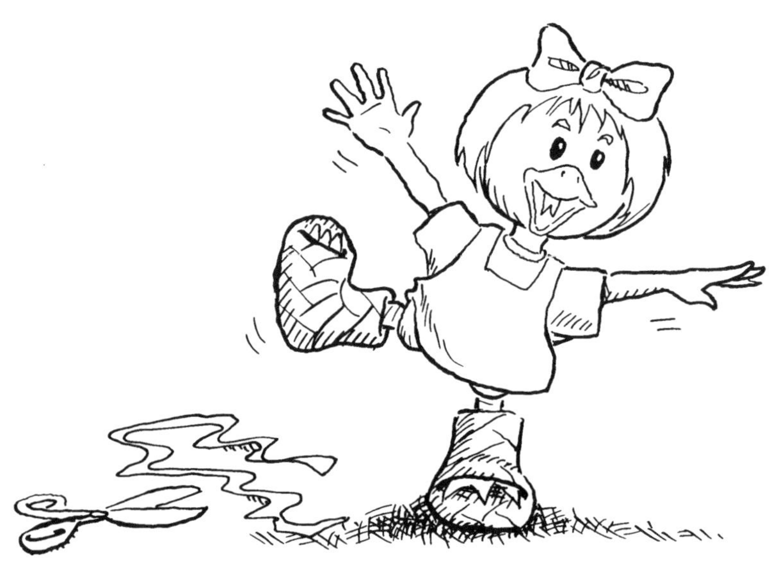

Und jetzt laufe du durch das Zimmer mit Holzbeinen und dann mit beweglichen gelockerten Beinen, und sicherlich verstehst du nun, was die beiden meinen!

Wie sehen die Hände aus, wenn sie gar nichts tun und locker nach unten hängen? Wie sehen dann die Finger aus?

Lilli und Resa ballen die Fäuste und strengen sich furchtbar an, dann lassen sie die Hände ganz entspannt und locker nach unten baumeln, tut das nicht gut?

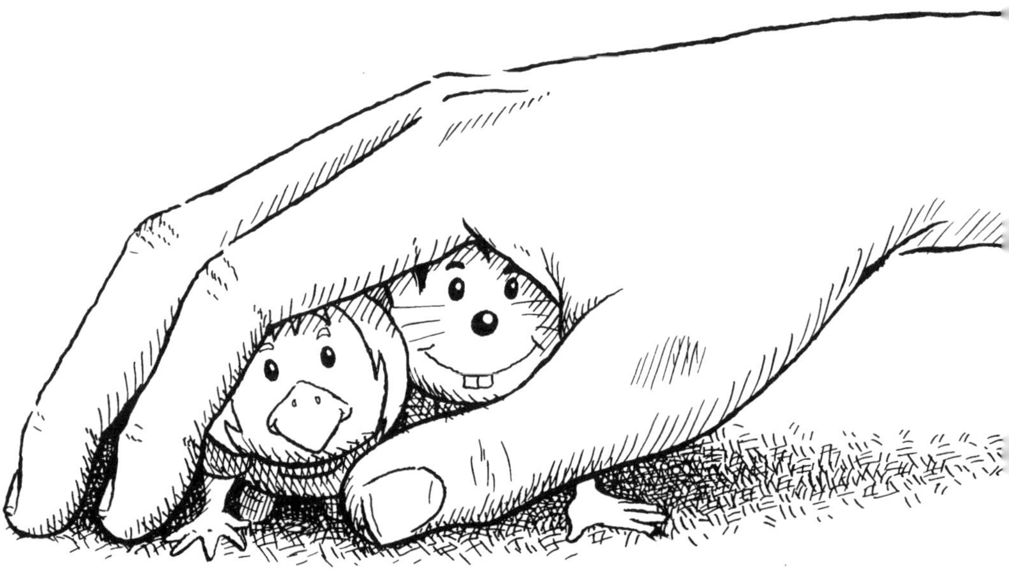

Wenn deine Hände beim Klavierspielen so aussehen, dass noch genug Platz für Lilli und Resa im Innenraum der Hand ist, dann spielst du genau richtig. Die Hände bilden sozusagen Höhlen für die beiden.

Sind die Finger aber zu gerade, die Hand zu tief, dann verschwinden die Höhlen und Lilli und Resa haben keinen Platz mehr, dann sind sie furchtbar traurig!

Übrigens: Pianisten sitzen immer mit ganz geradem und entspanntem Rücken am Klavier, damit sie stundenlang musizieren können, ohne Rückenschmerzen zu bekommen. Mach es ihnen nach!

Setze dich gerade hin und zieh mal die Schultern ganz hoch und lass sie eine Weile so. Dann lass die Schultern ganz einfach los und spüre, wie angenehm das ist.

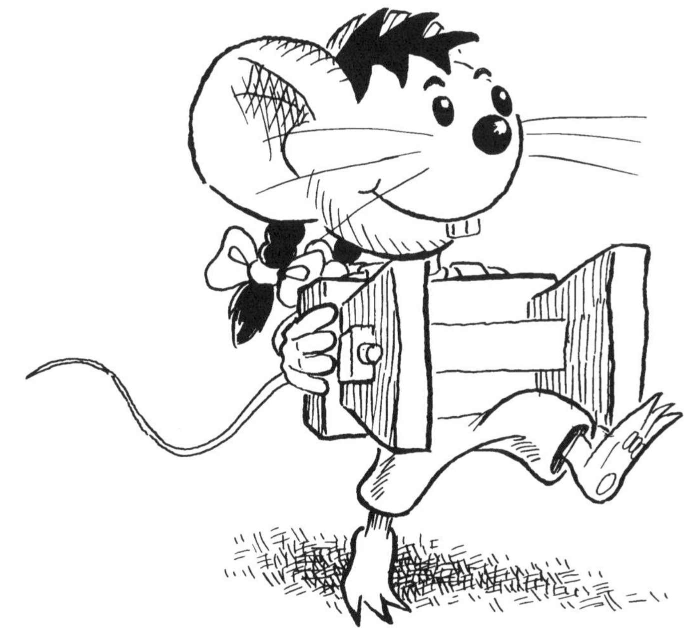

Und mit den Füßen stützen sie sich auf den Boden. Wenn deine Füße in der Luft baumeln, weil der Klavierhocker zu hoch ist, nimm dir ein Fußbänkchen zur Hilfe, denn du musst auf jeden Fall hoch genug sitzen.

Sitz gerade auf dem Hocker,
die Schultern locker,
leicht gewölbt die Hand,
die Finger entspannt.

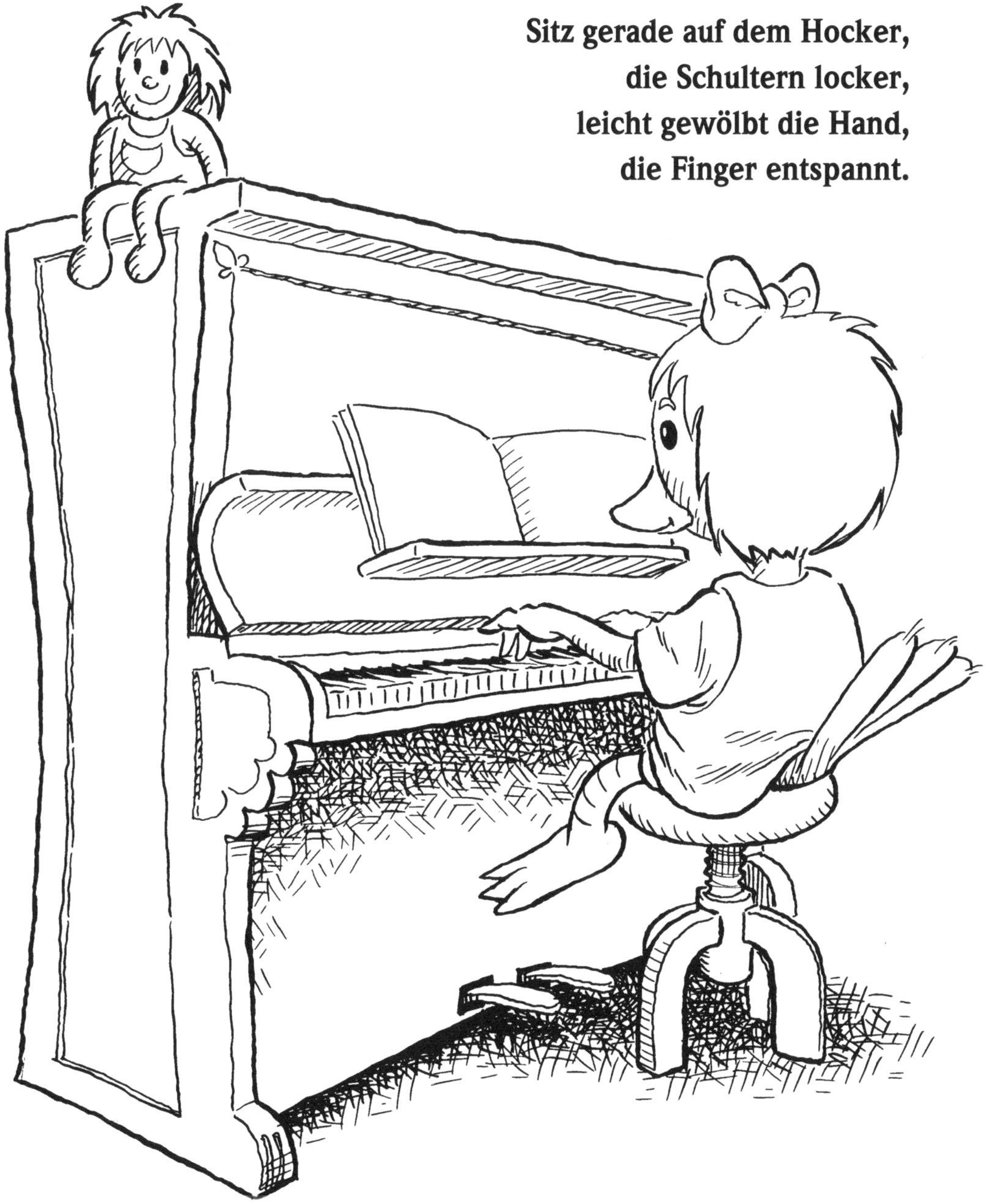

Das Klavier stellt sich vor

„Guten Tag, darf ich mich vorstellen, ich bin ein Klavier! Woran man das erkennen kann? Na, sieh mich doch mal ganz gut an:

Ich bin ziemlich groß und aus ganz viel Holz gebaut. Unter meinem Klavierdeckel habe ich ganz viele Tasten versteckt, weiße und schwarze…

Weißt du was, ich rate dir,
geh auf Entdeckungsreise mit mir:

Geh in alle Ecken,
suche in allen Verstecken
nach Tönen,
Du kannst sie erwecken:
Langsame und schnelle,
dunkle und helle,
laute und leise,
geh auf Entdeckungsreise,
so macht man Musik!“

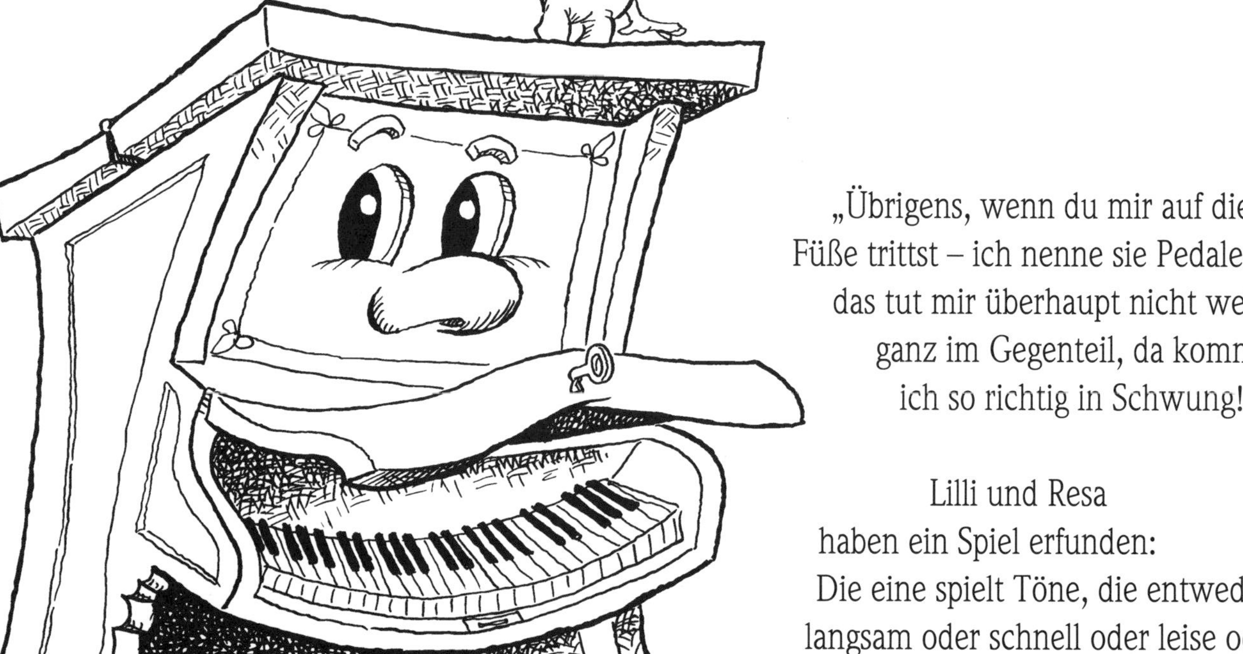

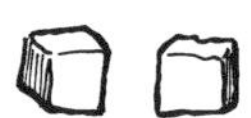

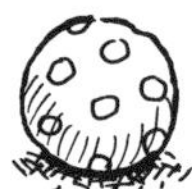

„Übrigens, wenn du mir auf die Füße trittst – ich nenne sie Pedale – das tut mir überhaupt nicht weh, ganz im Gegenteil, da komm ich so richtig in Schwung!“

Lilli und Resa haben ein Spiel erfunden:

Die eine spielt Töne, die entweder langsam oder schnell oder leise oder laut oder hell oder dunkel oder … sind, und die andere muss raten, wie die Töne klingen.

Hat sie richtig geraten, ist sie dran!

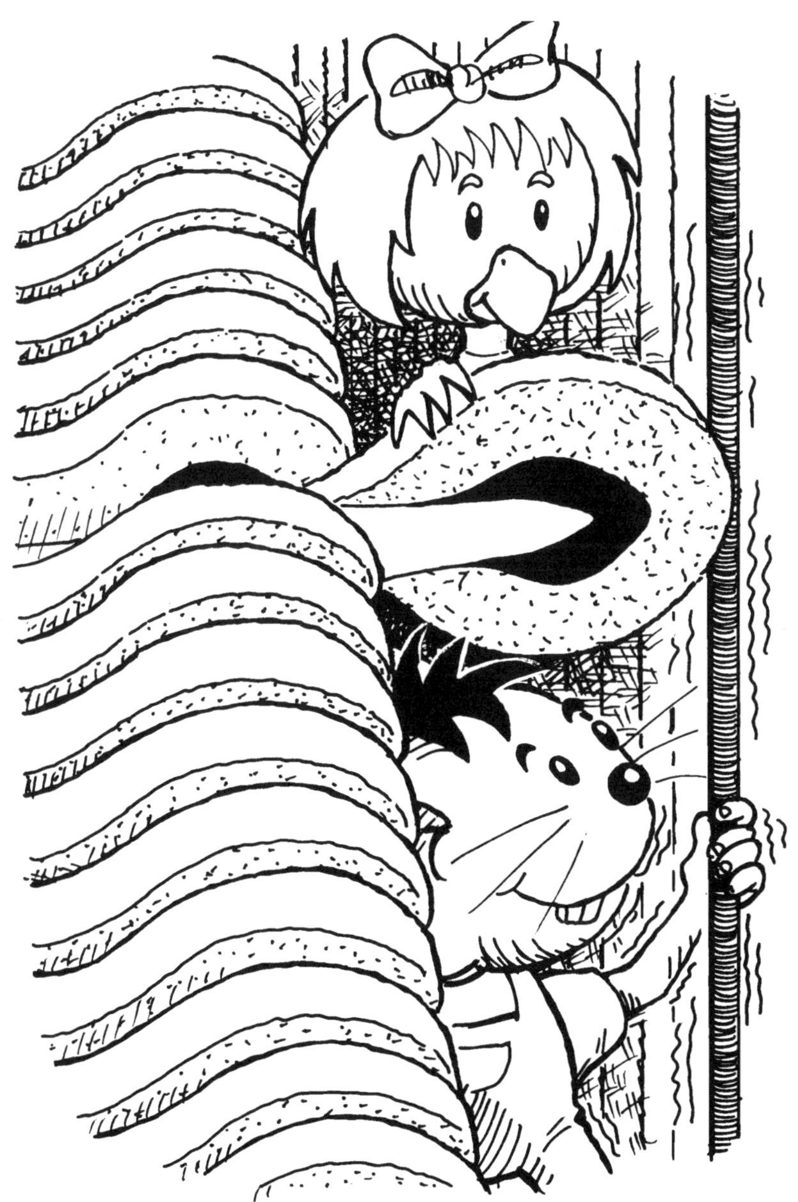

„Willst du wissen, wie es in mir drinnen aussieht? Wenn du mit meinen Tasten spielst, dann schlagen kleine Hämmerchen, die mit Filz umhüllt sind, gegen meine Saiten. Meine Saiten, das sind die langen Drähte hier. Die Saiten fangen dann an, ganz schnell hin und her zu schwingen, und so entstehen die Töne. Wenn du deine Finger auf die schwingenden Saiten legst, kannst du sogar spüren, wie sie sich bewegen."

„Mensch, Resa, das hört sich ja spannend an, komm, wir probieren das mal aus!"

„Weißt du was, Lilli, ich will mal nachsehn, was passiert, wenn ich ganz kräftig auf den Tasten rumwirble und dabei das rechte Pedal trete!"

Während Resa, die rechte Hand, so auf den Tasten herumwirbelt, legt sich Lilli, die linke Hand, an das Holz vom Klavier, so dass sie spüren kann, wie das Holz mitschwingt.

Jetzt probiert Lilli einmal aus, was passiert, wenn sie spielt und gleichzeitig das linke Pedal getreten wird.

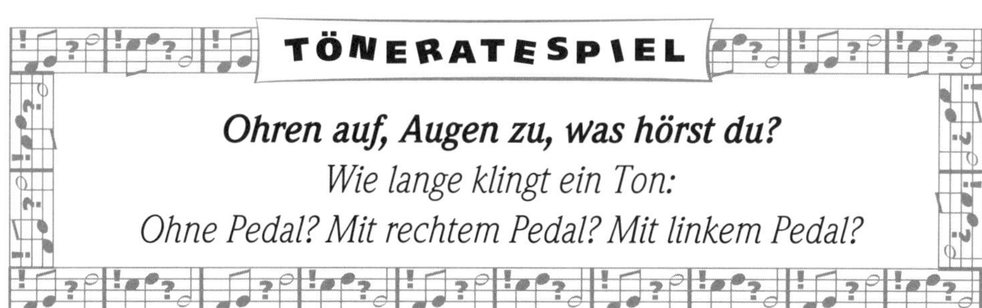

„Kannst du schon bis hundert zählen? Dann zähle doch mal meine schwarzen Tasten, dann meine weißen Tasten und schließlich alle zusammen.“

Hier kannst du aufschreiben, was du herausgefunden hast:
Es gibt ... schwarze Tasten auf dem Klavier.
Es gibt ... weiße Tasten auf dem Klavier.
Es gibt ... schwarze und weiße Tasten auf dem Klavier.

Wie wär's, hast du Lust von deinem Klavier ein Bild zu malen?
Hier ist genügend Platz dafür:

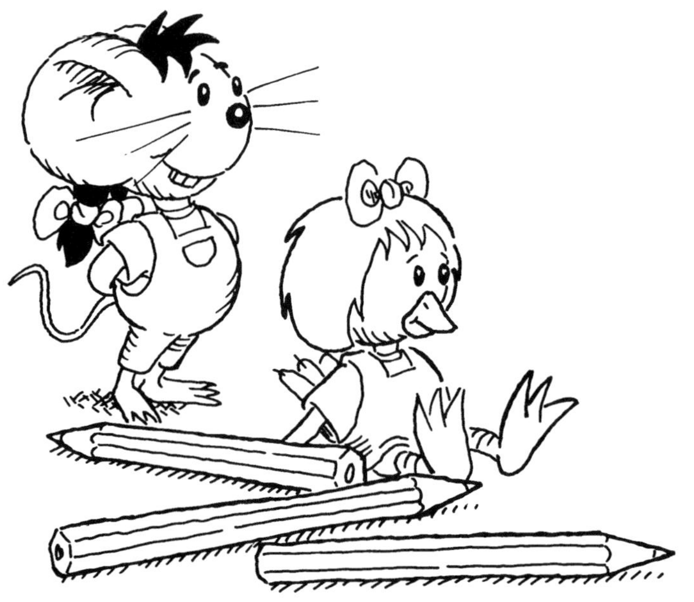

MUSIKERSPRACHE

Das Klavier hat schwarze und weiße ***Tasten,***
diese bewegen im Inneren die ***Hämmerchen,***
welche auf die ***Saiten*** *schlagen.*
Das ***rechte Pedal*** *löst die* ***Dämpfer*** *von den Saiten,*
so dass alle Saiten mitschwingen können.
Das ***linke Pedal*** *verkürzt den Weg der Hämmerchen,*
so kann man sehr schön leise spielen.

„Und hier stelle ich euch einige meiner Verwandten vor:

Meinen großen Bruder,
den Konzertflügel, …

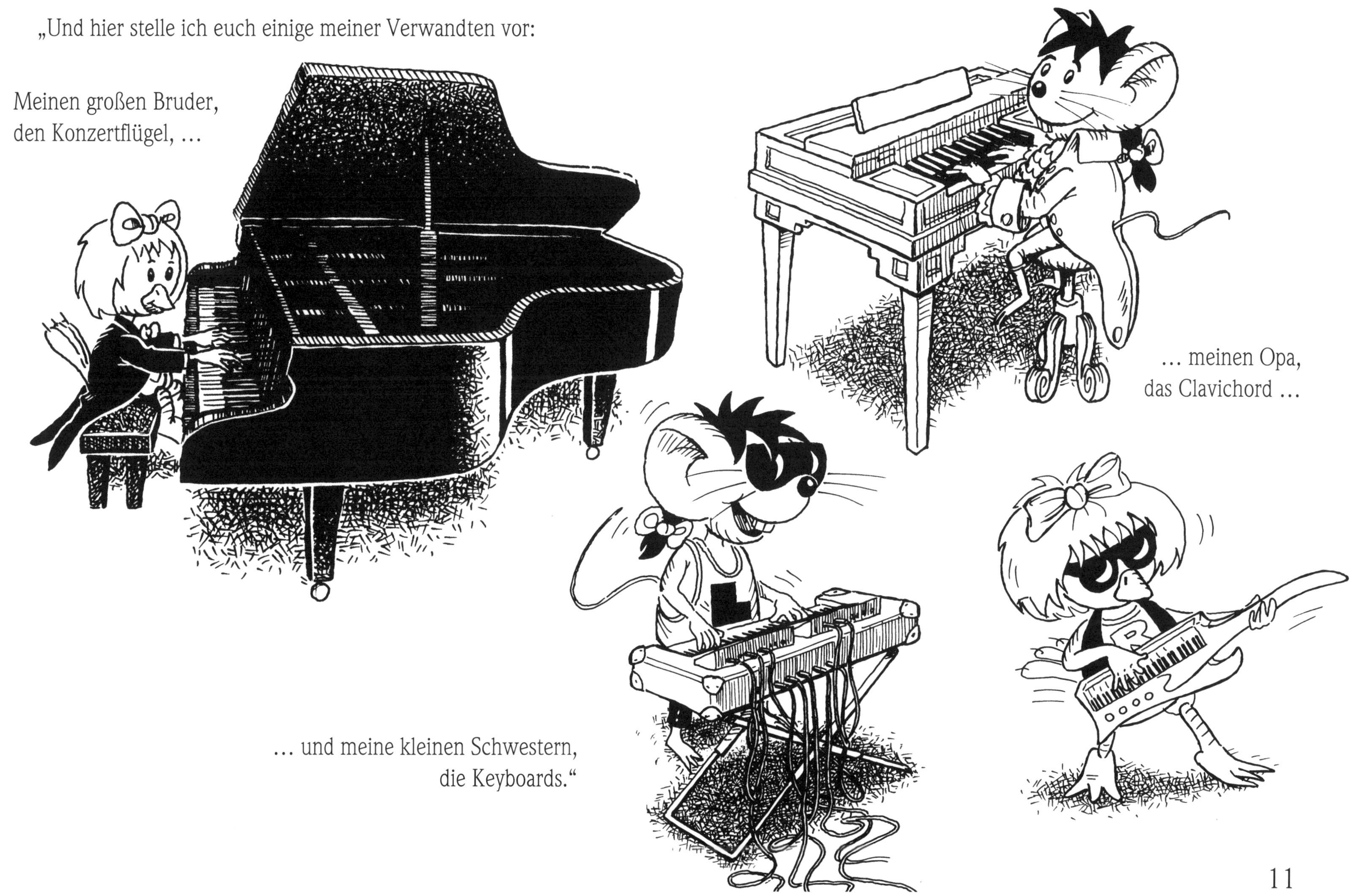

… meinen Opa,
das Clavichord …

… und meine kleinen Schwestern,
die Keyboards.“

Lilli und Resa erfinden Fingerspiele

„Resa, hast du Lust mich fertig zu malen?"
„Klar, mach ich, und weißt du was, ich gebe den Fingern Namen!"
„Und dann malen wir uns schön bunt!"

Der Finger, der genannt wird, klopft auf den Klavierdeckel oder spielt irgendeine Taste. Dabei wird gleich geübt, wie die Handhaltung ist; denke an die Höhle!

Daumen ist die EINS,
das ist mehr als keins.
Zeigefinger ZWEI,
kommt auch schnell herbei.
DREI das ist die Mitte,
die hat eine Bitte:
Zeigt Ihr doch die VIER
mit den Ringen hier.
Und der FÜNFTE ist der Kleinste,
dafür aber auch der Feinste!

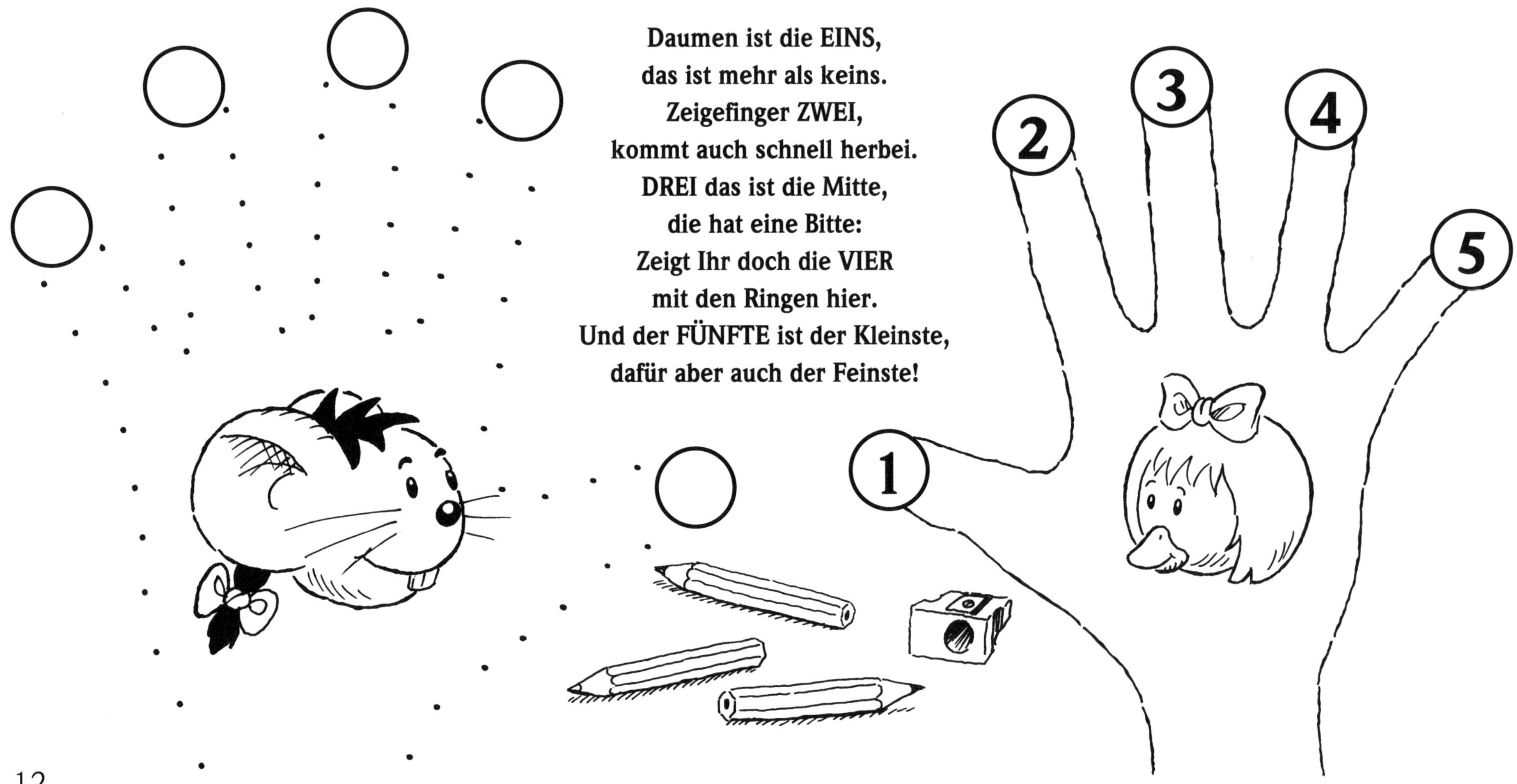

Fingersuchspiel

„Komm, wir spielen das Fingersuchspiel: Ich rufe eine Fingerzahl, und du zeigst so schnell wie der Blitz den richtigen Finger. Wenn du einen Fehler machst, bin ich dran!“

Fingertastenspiel

Die Finger legen sich alle auf die weißen Tasten. Der Finger, der genannt wird, bewegt sich wie ein kleines Hämmerchen nach unten.

Zuerst spielt Resa,
dann spielt Lilli:

1, 2, 3,
Vorsicht, Zauberei,
3, 4, 5,
Schuh und Ringelstrümpf,
5, 4, 3,
Zauber ist vorbei,
3, 2, 1,
Eis gibt’s heute keins.

Zuerst spielt Lilli,
dann spielt Resa:

Der 1. nicht,
der 2. nicht,
der 3. soll es sein.
Der 2. nicht,
der 3. nicht,
der 4. soll es sein.
Der 3. nicht,
der 4. nicht,
der 5. soll es sein!

MUSIKERSPRACHE

Wenn genau festgelegt wird, welcher Finger was spielen soll, dann sagen die Pianisten dazu: ***Fingersatz.*** *Die Zahlen zeigen also, welcher Finger gesetzt werden soll.*

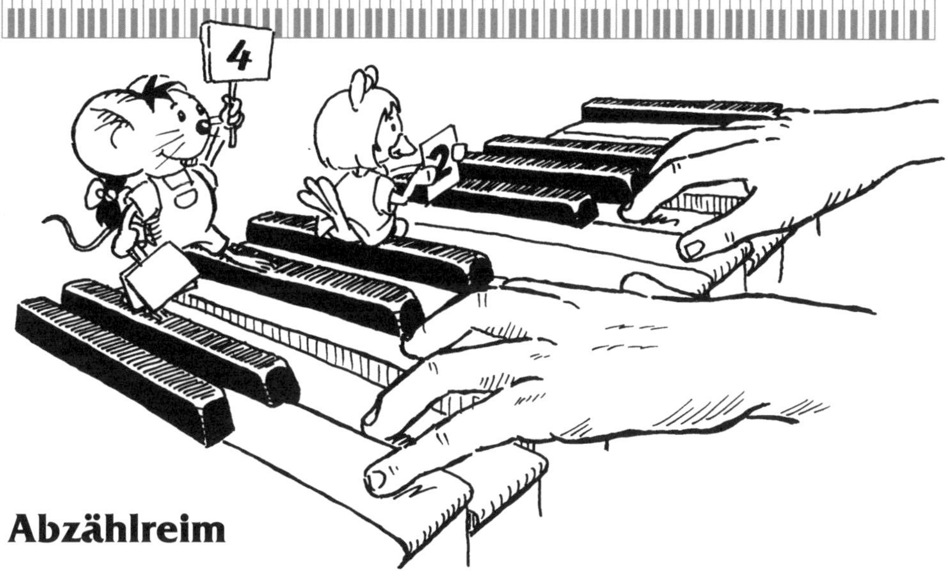

Abzählreim

„Ich hab auch eine gute Idee:
Wir zählen mit einem Abzählreim aus, welcher Finger raus ist!“

Ene mene meck und du bist weg!
Weg bist du noch lange nicht, sag zuerst wie alt du bist …

Fallen dir noch andere Abzählreime ein?

Die schwarzen Tasten stellen sich vor

„Lilli, hast du die schwarzen Tasten da gesehen? Die gucken sich so lieb an, ob wir die mal wecken sollen?“

„Fein, das machen wir; mal hören, was die sich erzählen wollen!“

Die beiden spielen jetzt ihr erstes Klavierstück!

Sie probieren dabei eine ganze Menge aus: Manchmal spielt Resa eine Taste zweimal hintereinander, manchmal wechselt sie immer zwischen den beiden Tasten ab, und Lilli kann sogar eine Taste überspringen.

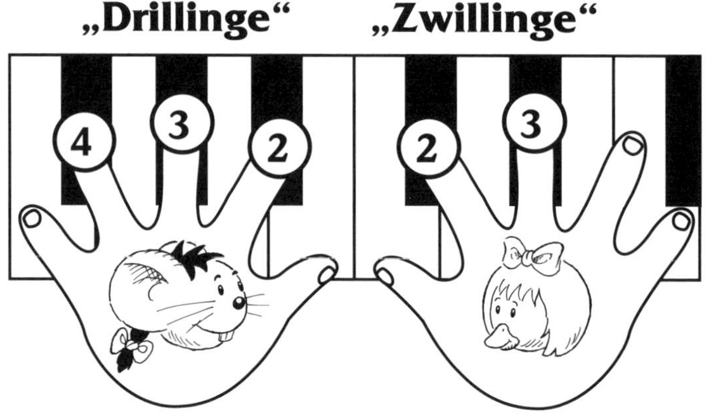

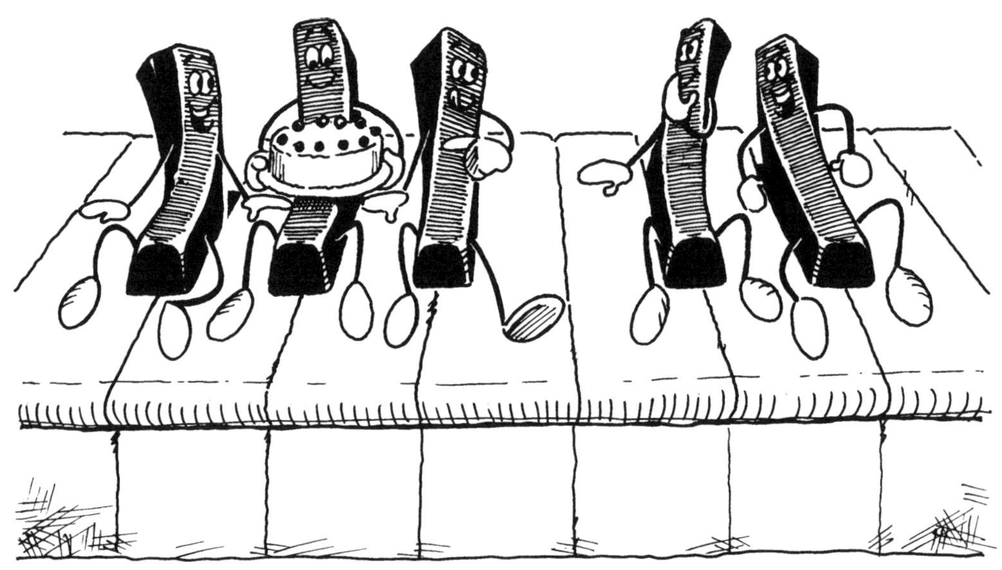

Erster Besuch

Resa: **„Hallo, wer seid denn Ihr?**
Was wollt Ihr denn bloß hier?“

Lilli: **„Wir wollen Euch besuchen**
und bringen einen Kuchen.
Den können wir dann essen,
Ihr sollt uns nicht vergessen!“

Resa: **„Ein Kuchen, das ist fein,**
dann lassen wir Euch rein!“

Abzählreime

Lilli und Resa spielen Abzählreime mit den Zwillingen und den Drillingen. Wenn ihnen eine besonders schöne Melodie einfällt, können sie den Fingersatz in die Kreise hineinschreiben.

Lilli spielt Resa einen Abzählreim vor; sie benutzt nur die Zwillinge. Manchmal wiederholt sie einen Ton.

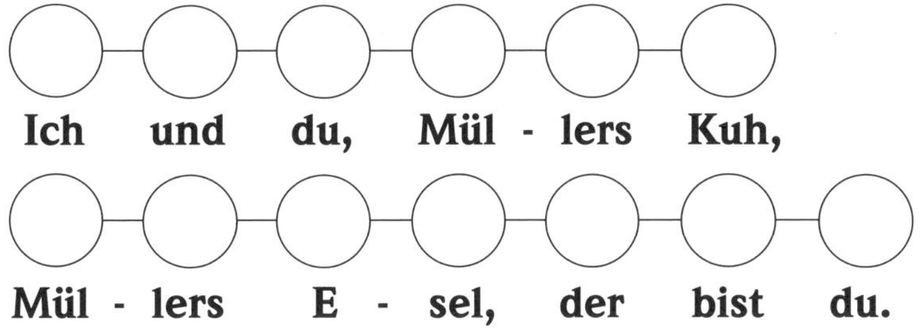

Resa spielt Lilli einen Abzählreim mit den Drillingen vor. Sie benutzt Tonwiederholung, Tonschritte und Tonsprünge.

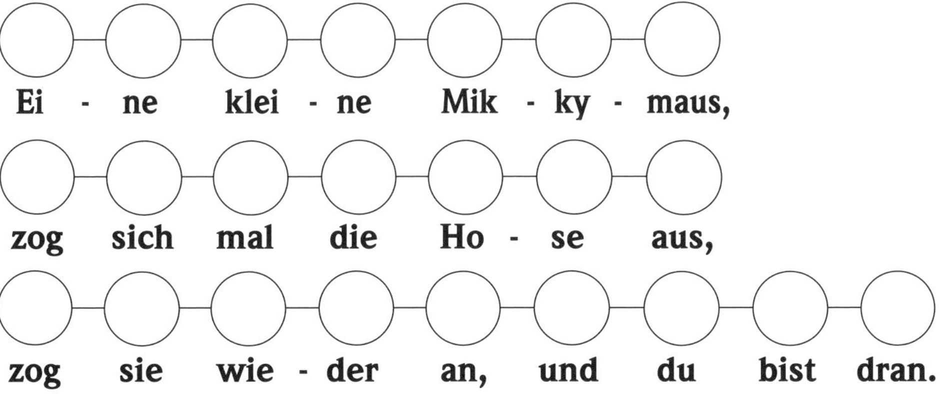

MUSIKERSPRACHE

*Wenn man einen Ton wiederholt, heißt das **Tonwiederholung,** wenn man von einer zur nächsten Taste geht, heißt das **Tonschritt,** und wenn eine Taste übersprungen wird, dann macht man einen **Sprung.***

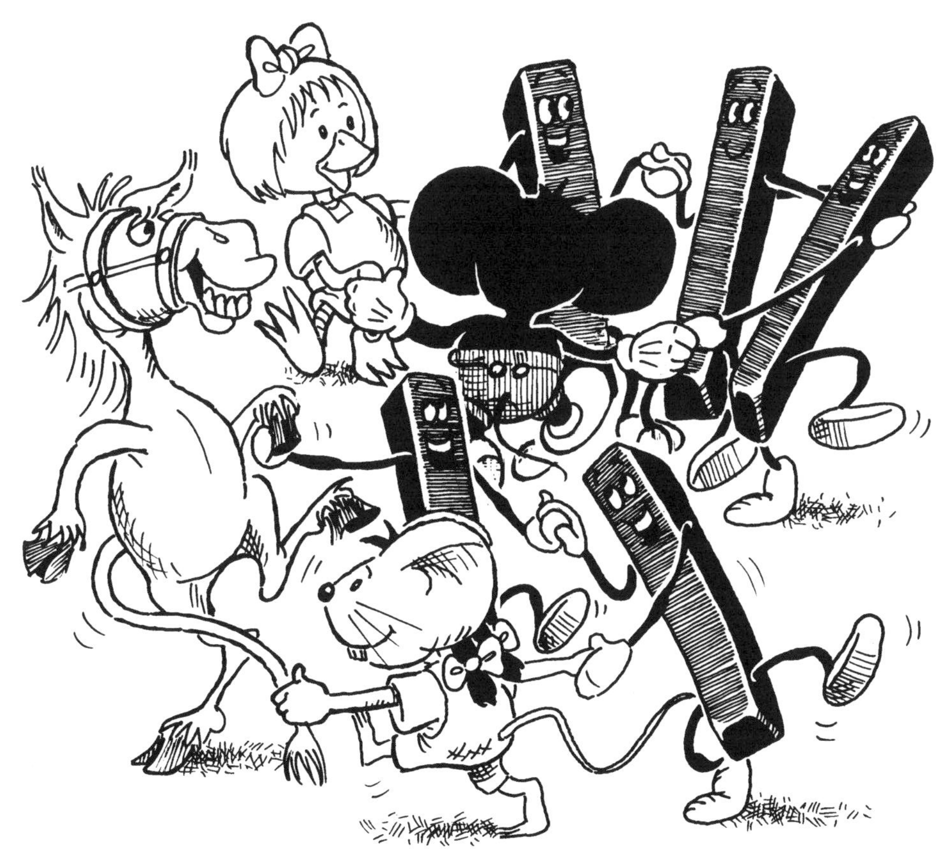

Tanz der Zwillinge

„Guck mal, die Drillinge sind eingeschlafen! Dann spielen wir eben nur mit den Zwillingen."

„Gut, wir lassen die Zwillinge tanzen und fangen in der Mitte an":

Und Resa spielt mit ihrem 2. und 3. Finger, Lilli auch. Resa geht bei der Stelle, wo die Zwillinge in die Luft schweben, nach rechts und Lilli geht nach links, damit die Zwillinge auch ins Tiefe sinken können. Zum Schluss treffen sich beide wieder in der Mitte.

MUSIKERSPRACHE

*Es gibt **helle** und **dunkle** Töne.*
*Die **hellen** Töne nennt man auch **hohe** Töne,*
sie sind rechts auf dem Klavier.
Meistens spielt die rechte Hand die hohen Töne.
*Die **dunklen** Töne nennt man auch **tiefe** Töne.*
Sie sind auf der linken Tastaturhälfte und werden
meistens von der linken Hand gespielt.

Resa: **Die zwei, sie tanzen hin und her,**
Lilli: **die zwei, sie tanzen, ist nicht schwer.**

Lilli: **Zwei sinken ins dunkle Tief hinab,**
Resa: **zwei schweben in die Lüfte hoch hinauf**
Resa und Lilli: **und kommen, welch ein Glück,**
zur gleichen Zeit zurück.

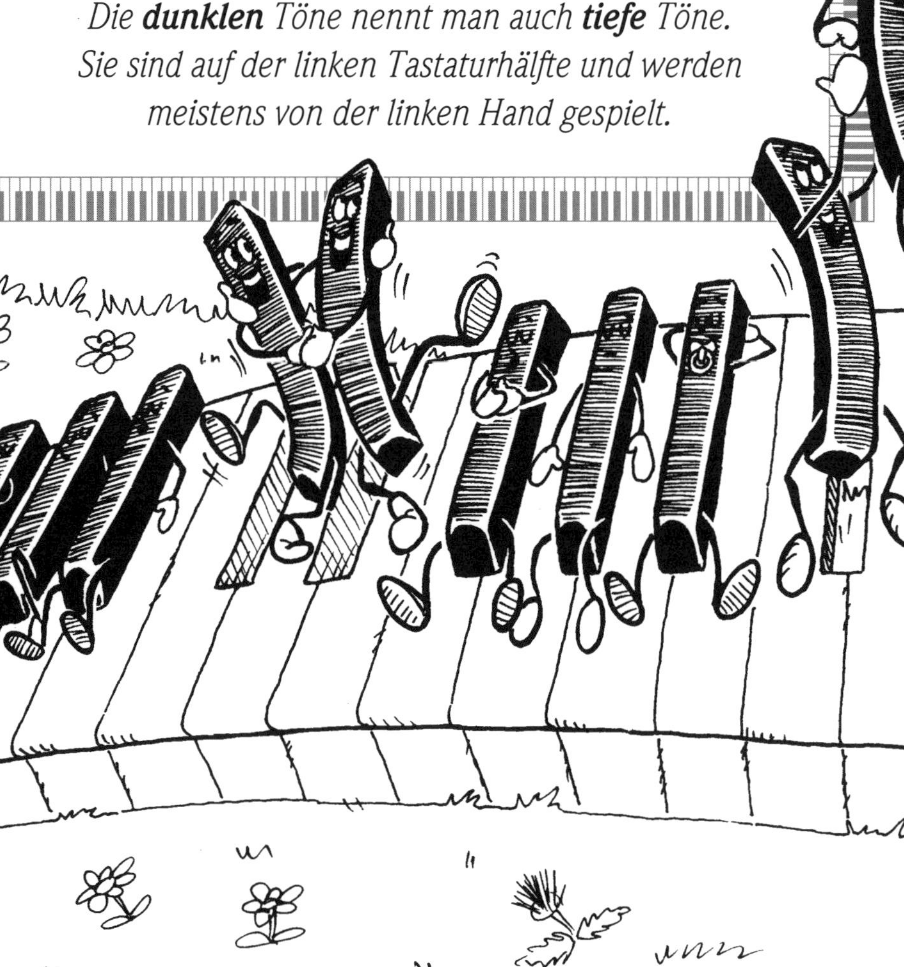

Resa hat mal nachgezählt:

Es gibt ... Zwillingspaare auf dem Klavier.

Sonderaufgabe:

Kannst du den Tanz der Zwillinge auch „blind“ spielen?

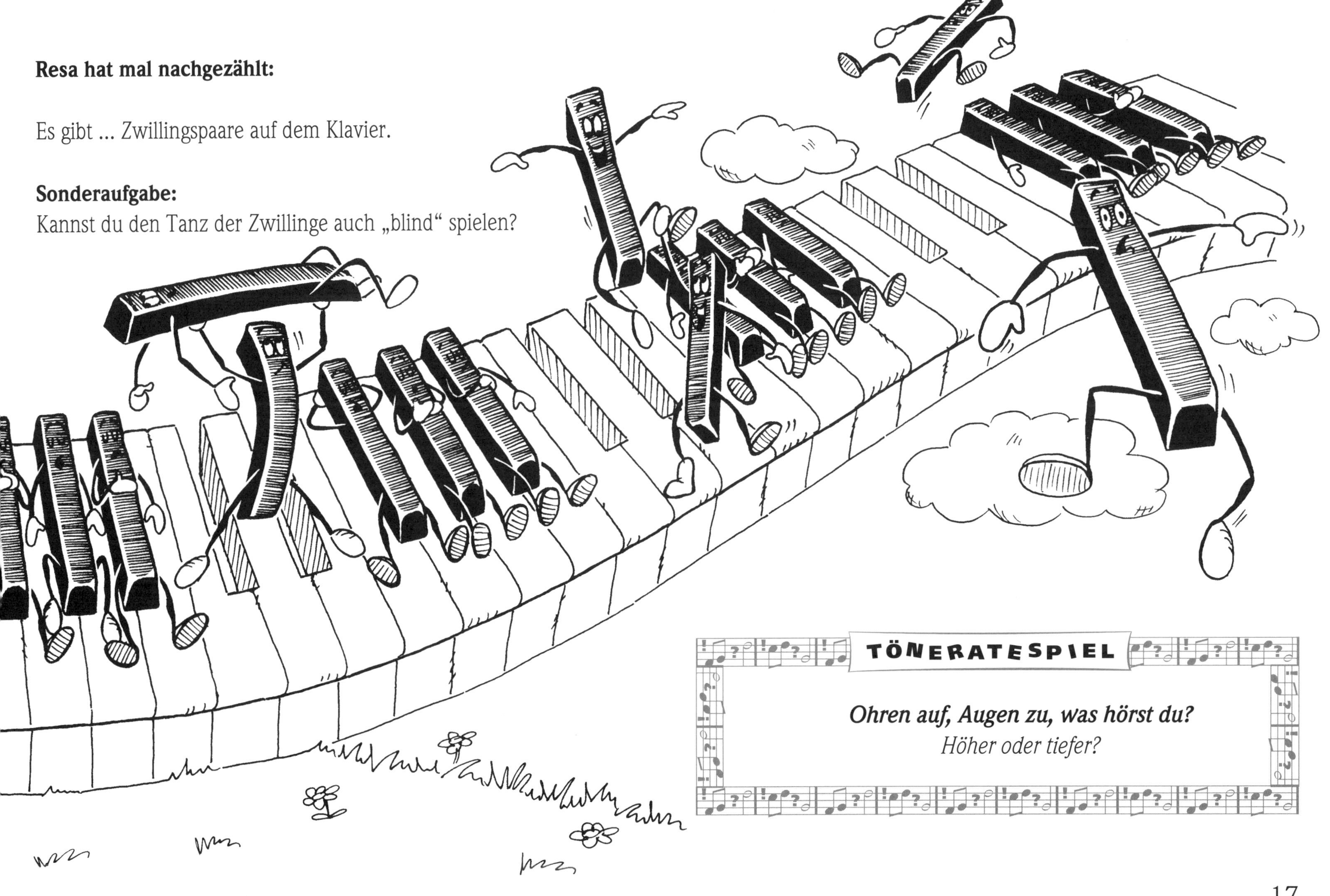

TÖNERATESPIEL

Ohren auf, Augen zu, was hörst du?

Höher oder tiefer?

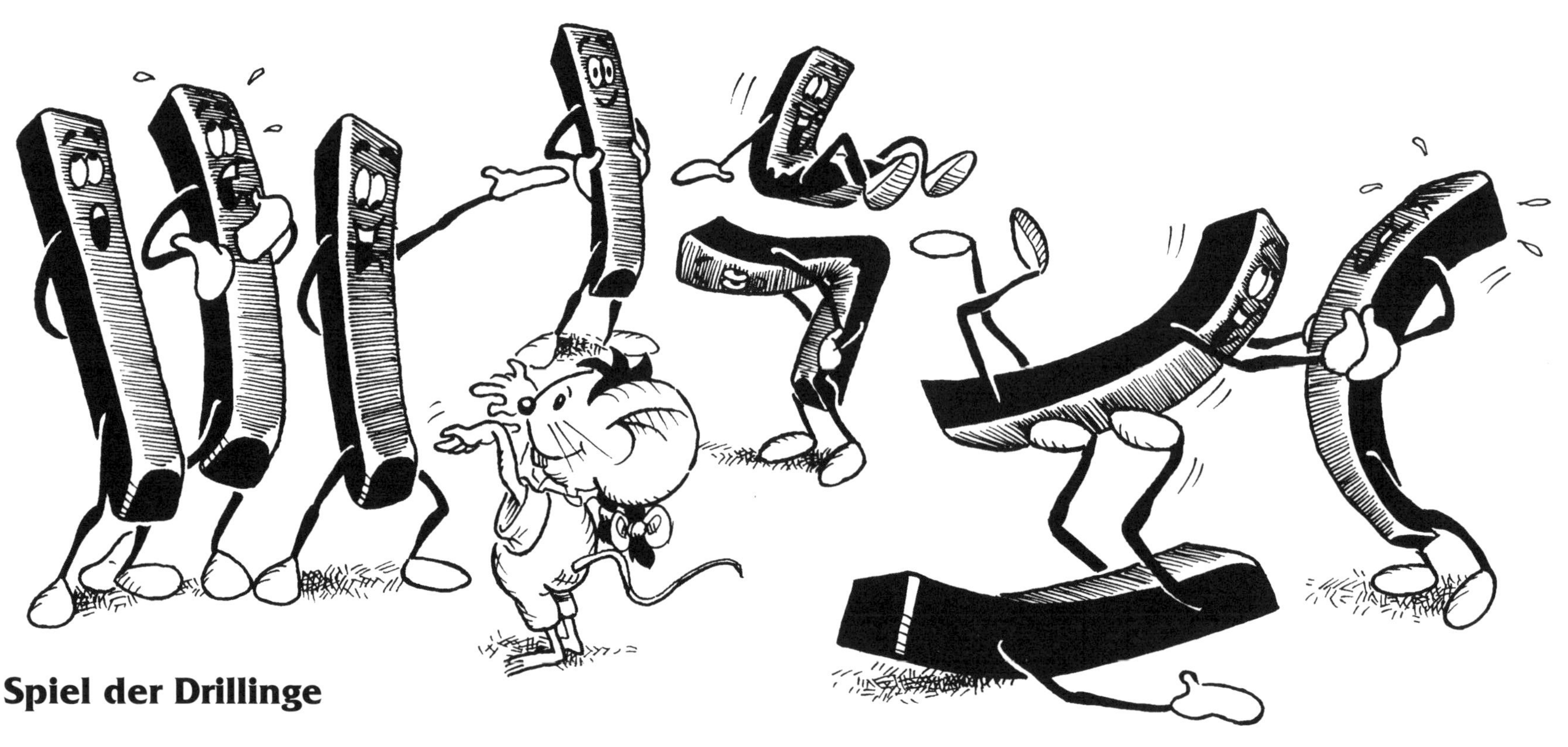

Spiel der Drillinge

Jetzt sind die Zwillinge eingeschlafen, aber Lilli und Resa wollen nun erkunden, was sich so alles mit den Drillingen anstellen lässt: Lilli will singen, so schön sie nur kann, ohne eine einzige Atempause zu machen; das versucht Resa dann auch.

Dann will Lilli springen, so flink sie nur kann. Schließlich werden beide übermütig, und es wird getollt und gestampft und ...

Lilli: **„Drei wollen jetzt singen,**

Resa: **Drei wollen jetzt springen,**

Lilli: **Drei toben dort oben,**

Resa: **Drei rollen nach unten,**

Lilli: **Drei stampfen im Keller,**

Resa: **Drei werden immer schneller,**

Lilli: **Drei klettern wieder rauf**

Resa: **und hören plötzlich auf!“**

MUSIKERSPRACHE

*Töne, die ganz kurz und im Sprung angeschlagen werden, heißen **Staccato.** Kleine Punkte zeigen an, dass Staccato gespielt werden soll.*
*Töne, die miteinander verbunden werden, so als würde man sie in einem Atemzug singen, heißen **Legato.***

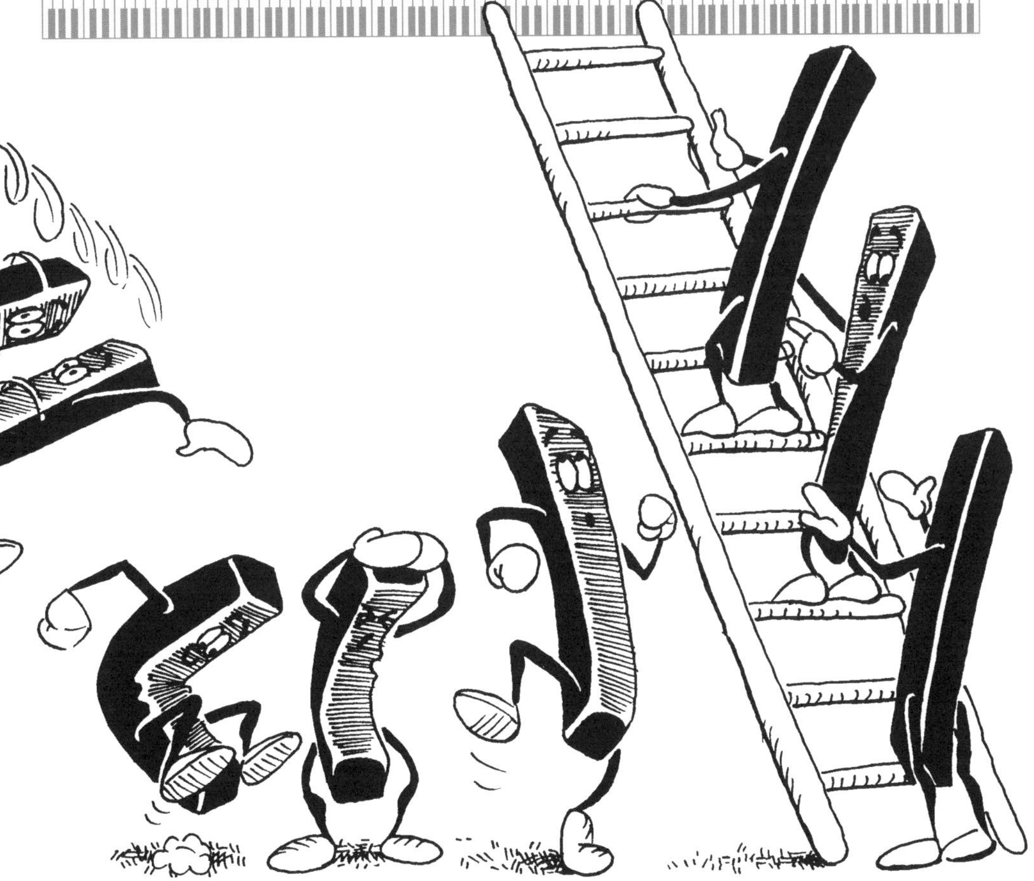

Suchspiel

Lilli und Resa versuchen die Drillinge zu ertasten, während du die Augen geschlossen hältst!

Resa und Lilli haben fleißig gezählt:
Es gibt ... Drillinge auf dem Klavier!

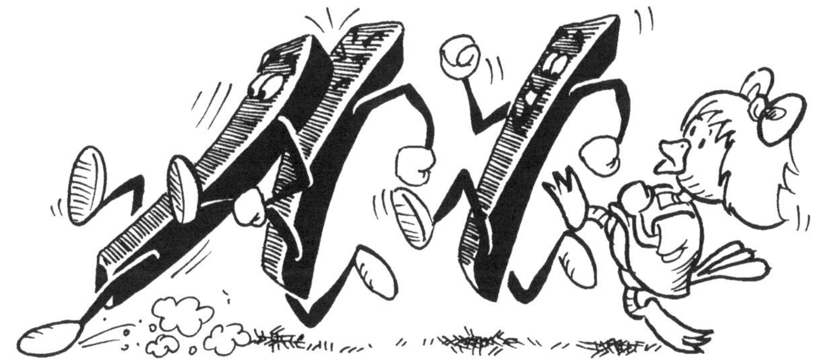

FINGERTRAINING

Lilli versucht mit den Drillingen ein ganz schönes Legato zu spielen. Sie geht einfach Tonschritte auf- und wieder abwärts, aber es darf nie eine Lücke zu hören sein. Dann spielt sie das gleiche nochmal, aber jetzt sind es nur Staccato-Töne.
Sie springt ganz federleicht von den Tasten weg.
Resa macht ihr selbstverständlich alles nach!

Lilli und Resa erfinden die Notenschlüssel

„Resa, ich bin zu faul, immer unsere Namen aufzuschreiben, wenn wir was spielen. Lass uns doch schöne Zeichen erfinden!"

Und so kommt es, dass jede Hand ihr eigenes Zeichen erhält:

Resas Violin-Schlüssel

Resa bekommt den **Violin-Schlüssel,** denn sie spielt ja meistens die hohen Töne (wie die Violine). Der Violin-Schlüssel schließt das Tor zu den hohen Tönen auf. So sieht der Violin-Schlüssel aus:

Lillis Bass-Schlüssel

Lilli erhält den **Bass-Schlüssel,** weil sie ja die tiefen Töne spielt (wie der Bass). Der Bass-Schlüssel schließt das Tor zu den tiefen Tönen auf.
So sieht der Bass-Schlüssel aus:

Und hier wird geübt, wie man diese schönen Schlüssel malt:

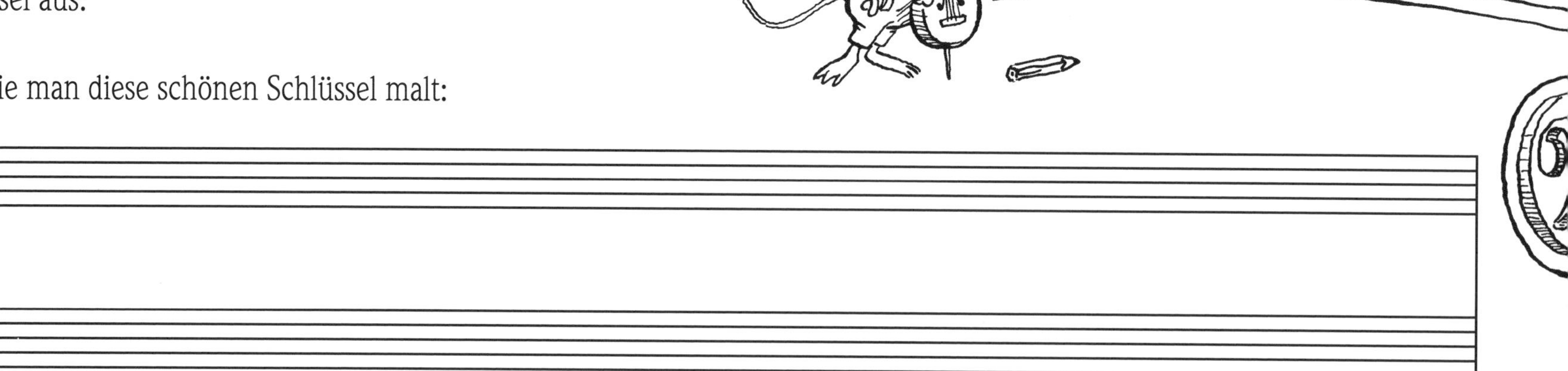

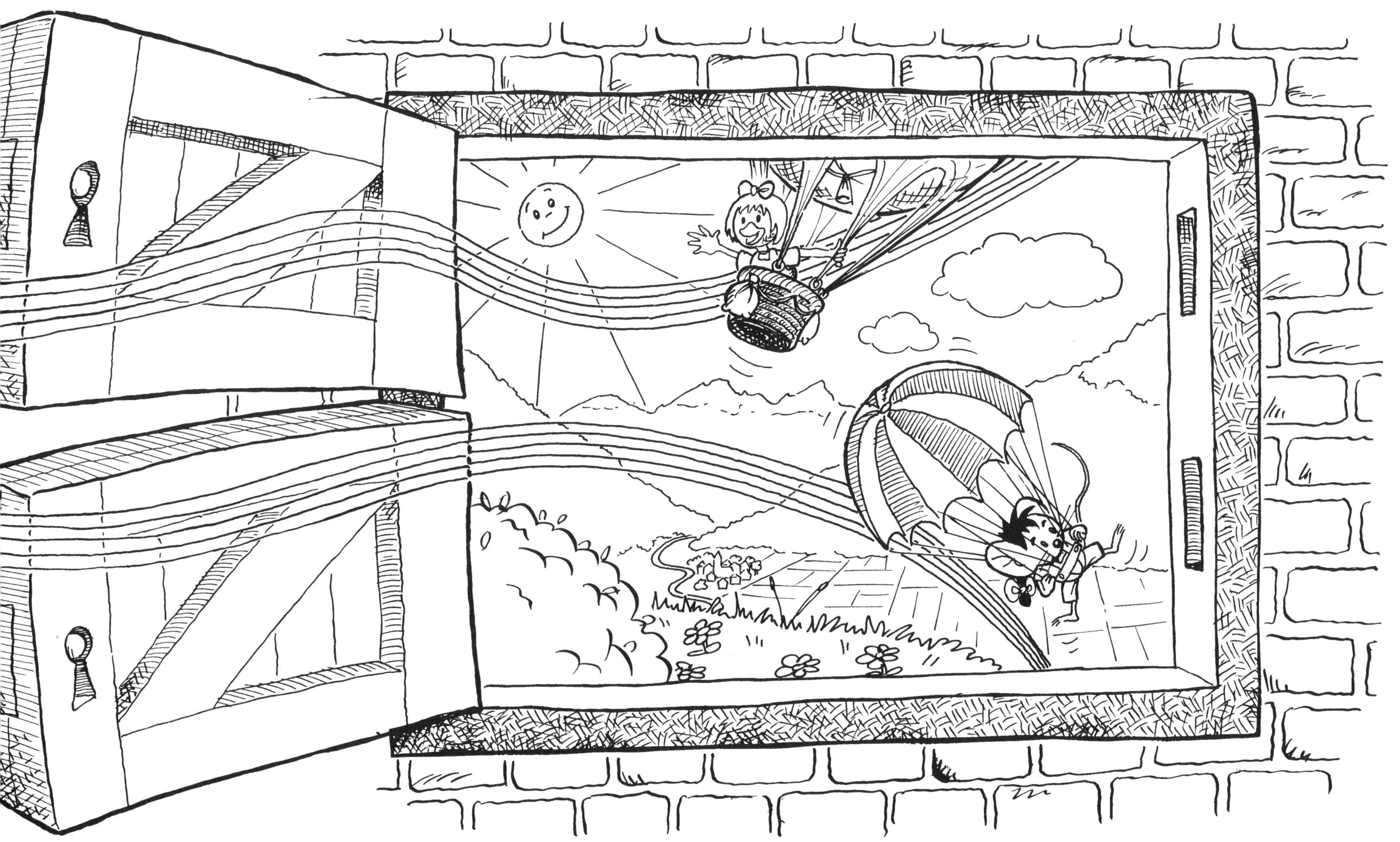

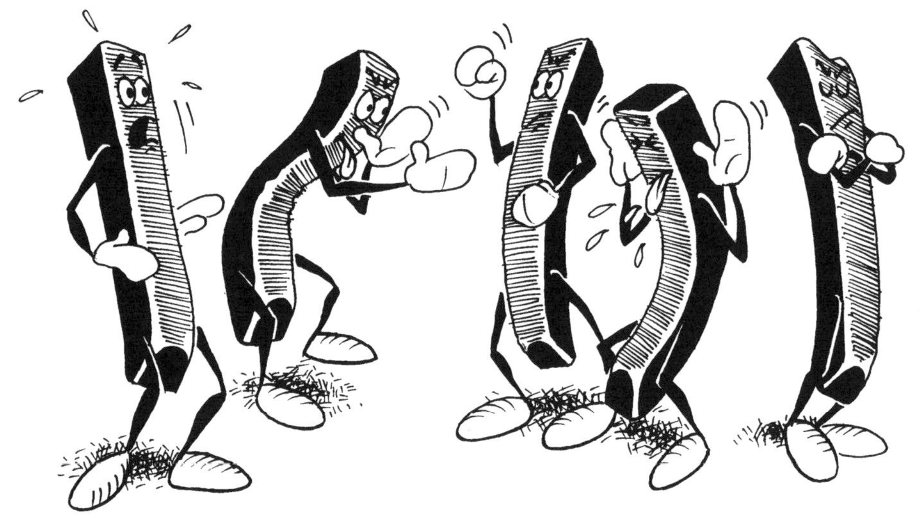

Zwillings-, Drillingsstreit

„Die sehen aber gar nicht fröhlich aus, lass mal hören, was da los ist!“

𝄞 3 gegen 𝄢 2 – 𝄞/𝄢 das ist gemein!

𝄞 2 gegen 𝄢 3 – 𝄞/𝄢 muss das sein?

𝄞 2 gegen 𝄢 2 – 𝄞/𝄢 das ist fair,

𝄞 3 gegen 𝄢 3 – 𝄞/𝄢 genauso sehr.

Resa und Lilli schauen sich den Text an und verstehen, hier gibt es Streit. Damit sich das alles so richtig nach Streit anhört, beschließen die beiden, dass sie die Tasten, die sich streiten, auch wirklich gleichzeitig anschlagen.

Die Notenschlüssel zeigen dir immer, wer gerade dran ist.
Wenn beide Hände gleichzeitig spielen sollen, stehen die Notenschlüssel genau untereinander.

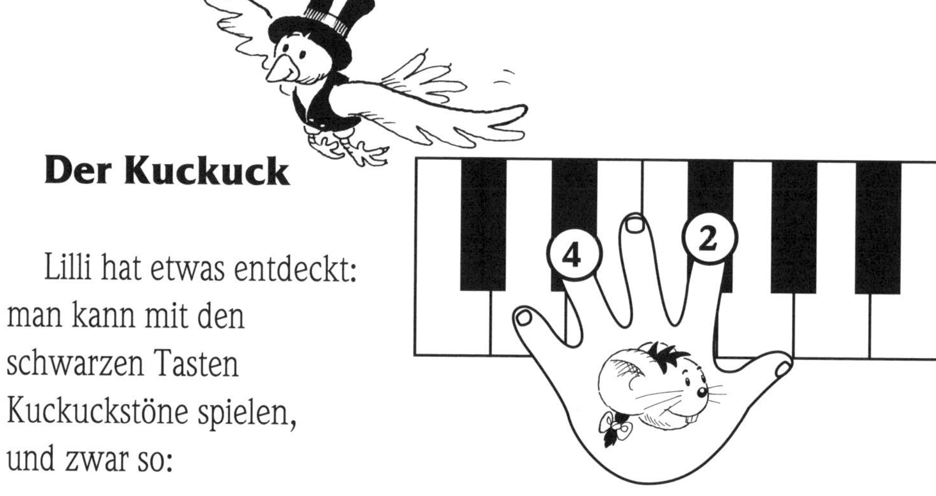

Der Kuckuck

Lilli hat etwas entdeckt: man kann mit den schwarzen Tasten Kuckuckstöne spielen, und zwar so:

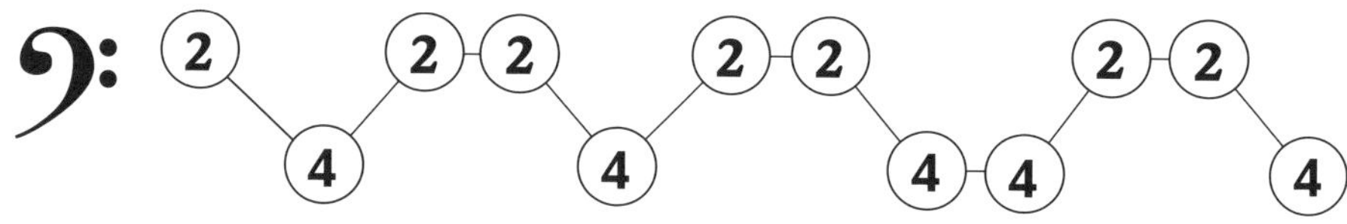

Ku- ckuck sag mir doch, wie-viel Jah - re leb ich noch?

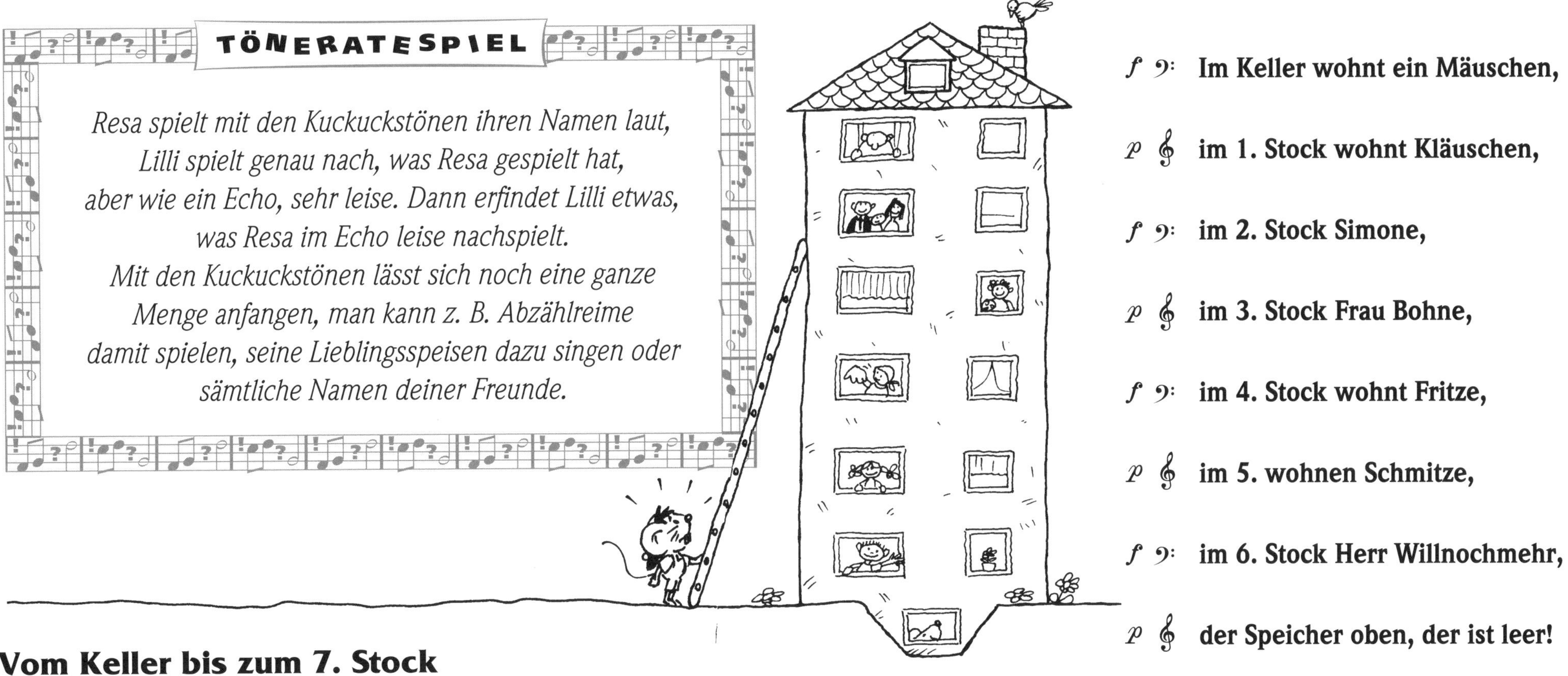

TÖNERATESPIEL

Resa spielt mit den Kuckuckstönen ihren Namen laut, Lilli spielt genau nach, was Resa gespielt hat, aber wie ein Echo, sehr leise. Dann erfindet Lilli etwas, was Resa im Echo leise nachspielt. Mit den Kuckuckstönen lässt sich noch eine ganze Menge anfangen, man kann z. B. Abzählreime damit spielen, seine Lieblingsspeisen dazu singen oder sämtliche Namen deiner Freunde.

f 𝄢 **Im Keller wohnt ein Mäuschen,**

p 𝄞 **im 1. Stock wohnt Kläuschen,**

f 𝄢 **im 2. Stock Simone,**

p 𝄞 **im 3. Stock Frau Bohne,**

f 𝄢 **im 4. Stock wohnt Fritze,**

p 𝄞 **im 5. wohnen Schmitze,**

f 𝄢 **im 6. Stock Herr Willnochmehr,**

p 𝄞 **der Speicher oben, der ist leer!**

Vom Keller bis zum 7. Stock

„Mensch Lilli, da sind ja noch viel mehr Kuckuckstöne auf dem Klavier!“

Mit den Kuckuckstönen spielen Lilli und Resa das Hochhausspiel, sie klettern dabei vom Keller aus Etage um Etage immer höher. Lilli spielt sehr laut, Resa aber leise.

Damit sie das nicht vergessen, haben sie sich die Buchstaben **f = für „laut“** und **p = für „leise“** aufgeschrieben.

MUSIKERSPRACHE

*Um anzuzeigen, dass laut gespielt werden soll, setzen die Musiker den Buchstaben **f** für **forte,** d. h. „laut“. Soll leise gespielt werden, erscheint der Buchstabe **p** für **piano,** d. h. „leise“.*

Zwillings- und Drillingstöne in einer Hand

Chinesenlied

Lilli und Resa unterhalten sich auf chinesisch, das klingt ungefähr so:

Hing-ching-chong Chinesensong, hing-ching-chong gesungen.
Hing-ching-chong Chinesensong, hat schon gut geklungen.

Damit das Ganze auch echt chinesisch klingt, haben sich die beiden folgende Tonordnung überlegt:

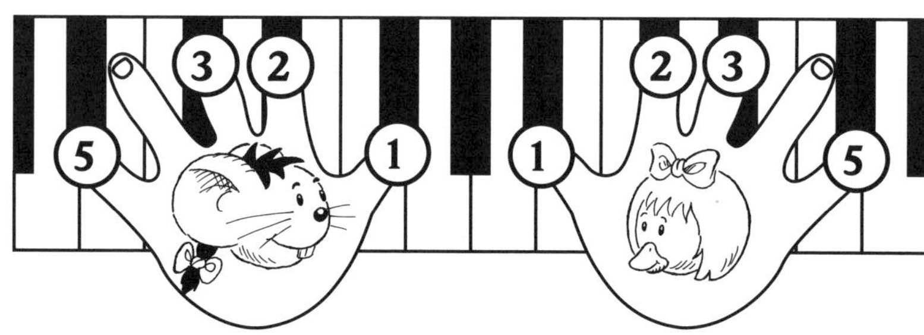

„Komm, wir wechseln uns ab. Du fragst, ich gebe dann die Antwort und beim Hing-ching-chong ... spielen wir beide zusammen, ja?“

„Genau, da malen wir so eine Klammer rein, die zeigt, dass wir zusammen spielen, ja?“

„Und denk daran, es gibt viele Möglichkeiten: Tonschritt, Tonsprung, Tonwiederholung ...“

𝄢 **Wollt ihr wissen, wie es klingt, wenn ein Chinesenjunge singt?**
𝄞 **Chinesenjungen singen hell, für manche klingt das furchtbar grell!**

𝄞 **Hing-ching-chong Chinesensong, hing-ching-chong gesungen,**
𝄢 **Hing-ching-chong Chinesensong, hat schon gut geklungen.**

𝄢 **Habt ihr jemals nachgedacht, wie ein Chinesenmädchen lacht?**
𝄞 **Chinesenmädchen lachen leise und freuen sich auf diese Weise!**

𝄞 **Hing-ching-chong ...**
𝄢 **Hing-ching-chong ...**

𝄢 **Habt Ihr etwa schon vergessen, was Chinesenkinder essen?**
𝄞 **Chinesenkinder essen Reis, manchmal kalt, am liebsten heiß!**

Ob Lilli und Resa noch mehr dazu einfällt, vielleicht eine neue Strophe? Jedenfalls eines ist gewiss: ein altes chinesisches Sprichwort sagt: Ohne Fleiß – kein Reis.

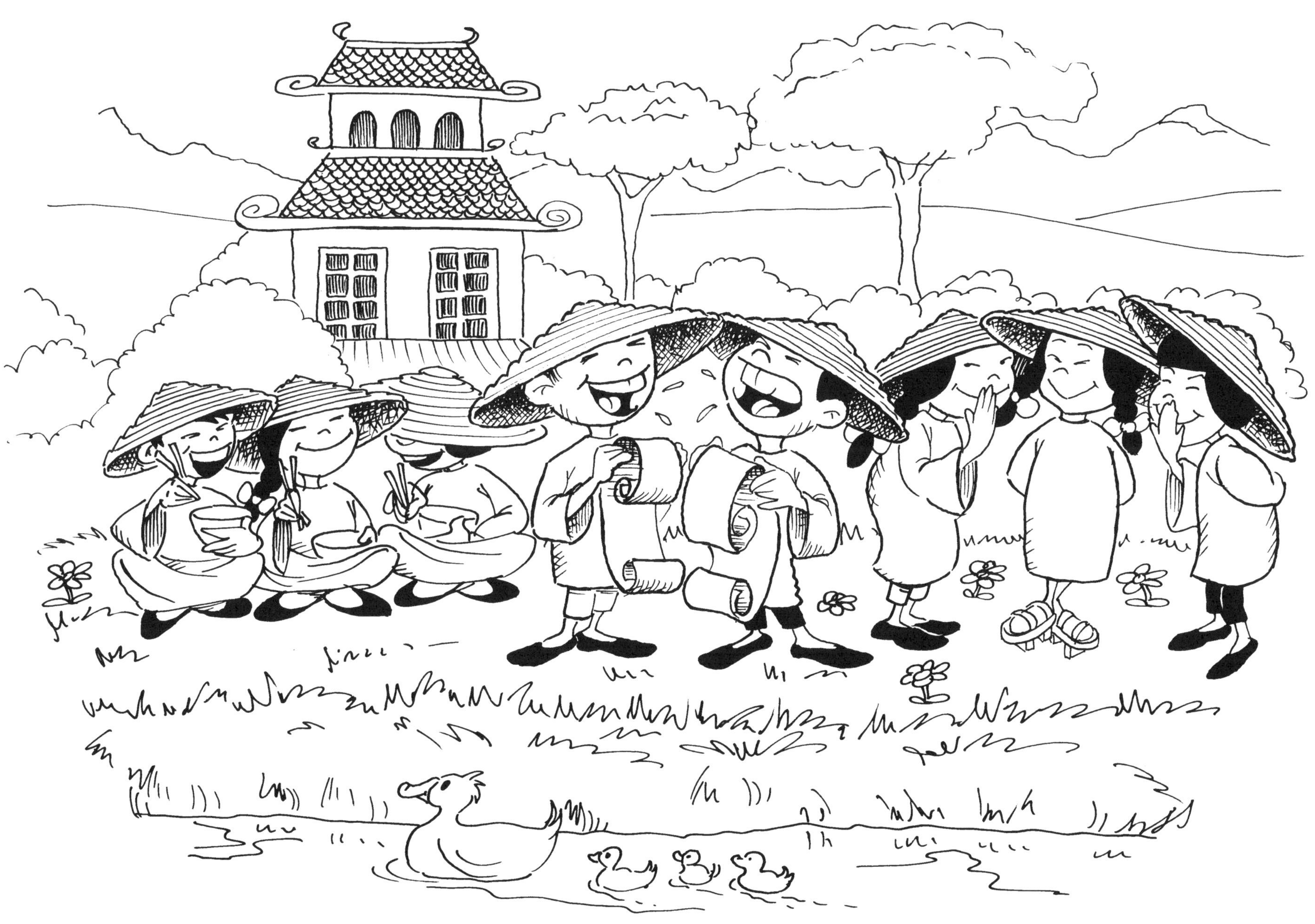

Der Rhythmus stellt sich vor

Langsame und schnelle Töne

Lilli hat es schon lange bemerkt, es gibt unterschiedliche Töne, langsame und schnelle und flink wie Lilli ist, hat sie dafür ein paar Zeichen erdacht:

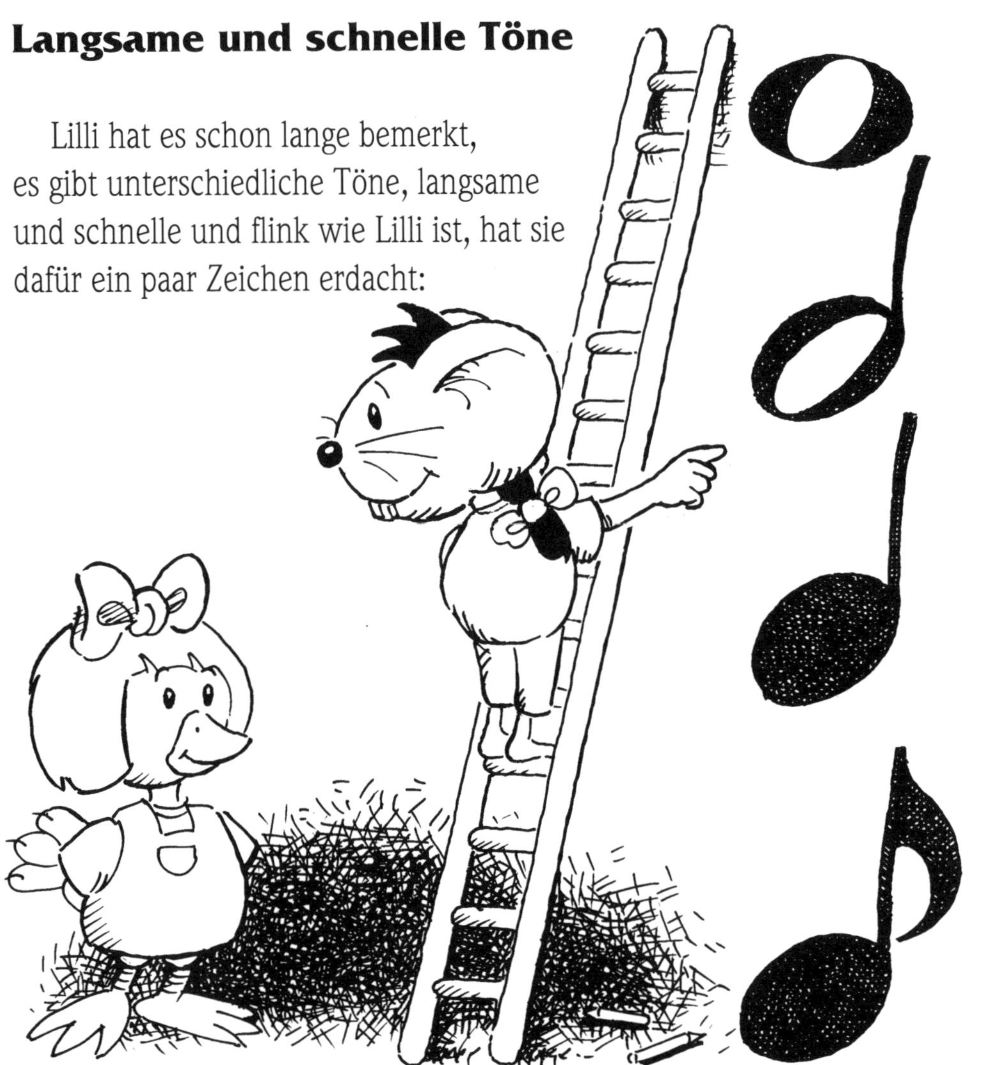

Um ganz lange Töne malt sie einen Kreis. Der Kreis heißt Notenkopf.
So sieht die ganze Note aus: 𝅝
Die ganze Note braucht für ein bestimmtes Ziel nur einen Schritt.

Für Töne, die nur halb so lang erklingen sollen, malt sie an diesen Kreis einfach einen Strich an die Seite. Der Strich heißt Notenhals.
So sieht die halbe Note aus: 𝅗𝅥
Die halbe Note braucht also für dasselbe Ziel schon zwei Schritte.

Und dann gibt es noch kurze Töne, die einen Notenhals an der Seite haben und innen schwarz sind.
So sieht die Viertelnote aus: ♩
Die Viertelnoten müssen immerhin schon vier Schritte machen, um das gleiche Ziel zu erreichen.

Noch schnellere Töne bekommen einfach an den Notenhals ein kleines Fähnchen. Wenn mehrere schnelle Töne hintereinander vorkommen, können die Fähnchen durch einen Balken ersetzt werden.
So sieht die Achtelnote aus: ♪
Die Achtelnoten brauchen acht Schritte, um gleichzeitig mit den anderen das Ziel zu erreichen.

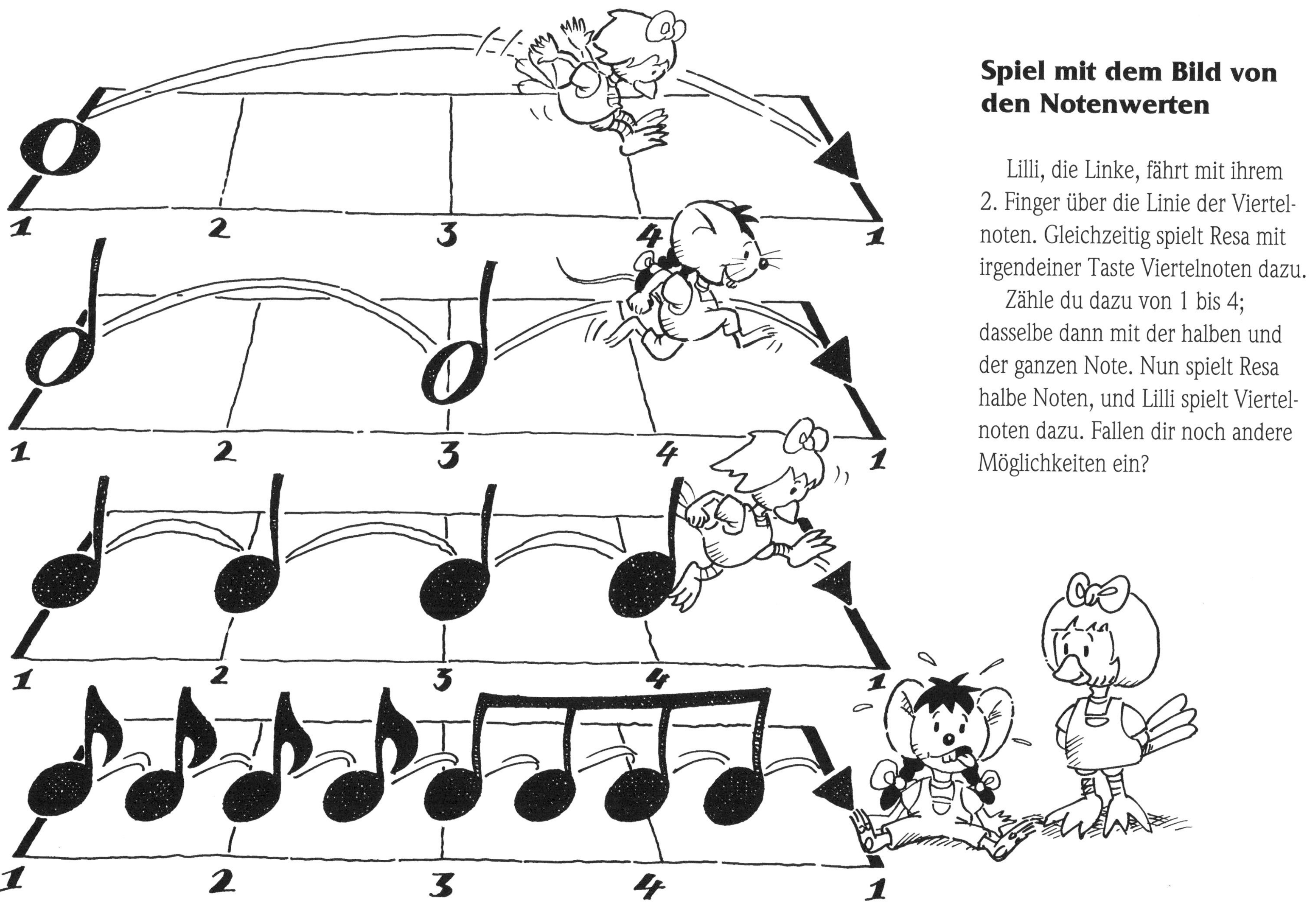

Spiel mit dem Bild von den Notenwerten

Lilli, die Linke, fährt mit ihrem 2. Finger über die Linie der Viertelnoten. Gleichzeitig spielt Resa mit irgendeiner Taste Viertelnoten dazu.

Zähle du dazu von 1 bis 4; dasselbe dann mit der halben und der ganzen Note. Nun spielt Resa halbe Noten, und Lilli spielt Viertelnoten dazu. Fallen dir noch andere Möglichkeiten ein?

Rechenaufgabe

Welche Notenwerte entstehen, wenn man folgende Noten aneinanderhängt?

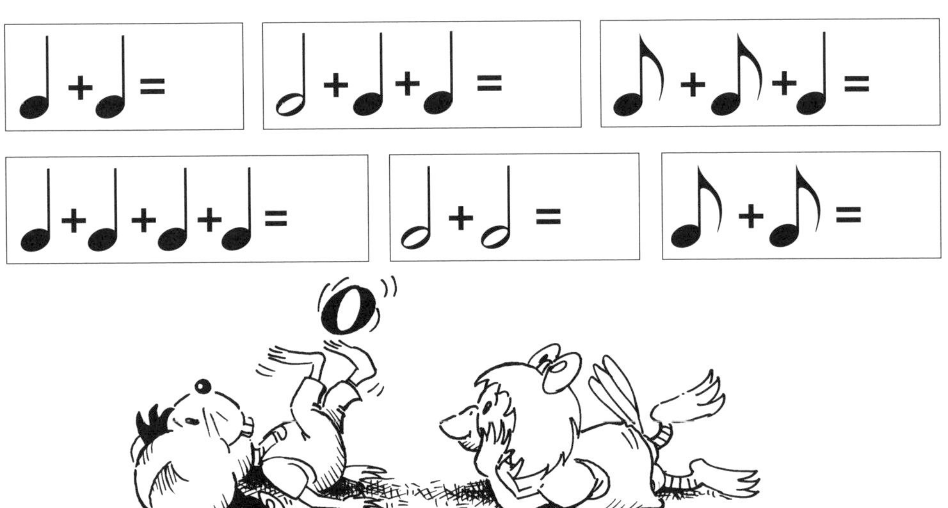

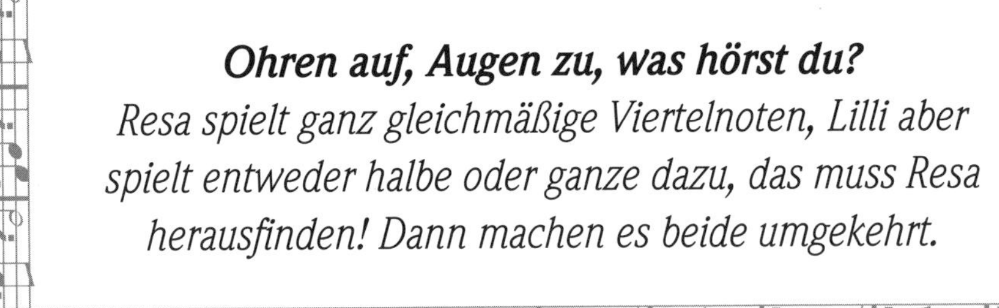

TÖNERATESPIEL

Ohren auf, Augen zu, was hörst du?
Resa spielt ganz gleichmäßige Viertelnoten, Lilli aber spielt entweder halbe oder ganze dazu, das muss Resa herausfinden! Dann machen es beide umgekehrt.

MUSIKERSPRACHE

Töne können unterschiedlich lang sein,
Musiker sprechen von Notenwerten.
*Ein langer Ton wird **ganze Note** genannt.*
Weil vier Viertelnoten in die ganze Note hineinpassen,
*wird sie auch als **Vier-Schlag-Note** bezeichnet.*
*Die **halbe Note** wird auch als **Zwei-Schlag-Note***
bezeichnet, weil zwei Viertelschläge in sie hineinpassen.
*Die **Viertelnote** wird auch **Ein-Schlag-Note** genannt.*
(In die Viertelnote passen zwei Achtelnoten hinein.)

Notenzeichnen

Hier kannst du üben, die verschiedenen Noten zu zeichnen.

Kuckuckslied

Die beiden sind mächtig stolz, jetzt können sie schon mit richtigen Notenwerten spielen! Resa hat herausgefunden, dass es noch andere Kuckuckstöne auf dem Klavier gibt, und zwar hier:

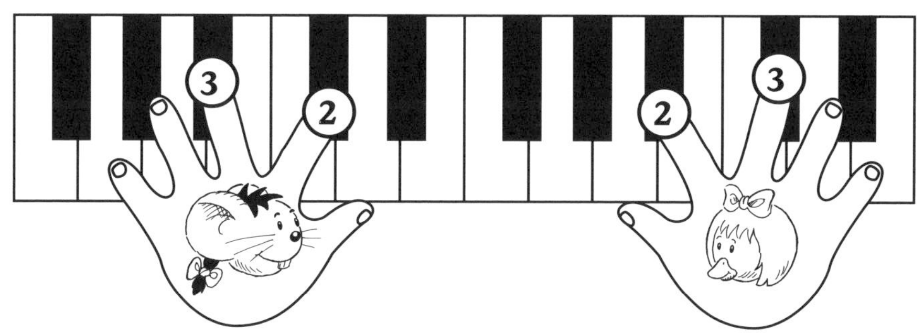

So spielen die beiden das Lied vom Kuckuck und wechseln sich manchmal ab. Immer wenn der Notenhals nach oben gerichtet ist, ist Resa dran, wenn der Notenhals nach unten zeigt, ist Lilli dran.

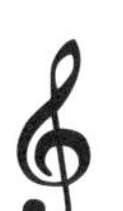

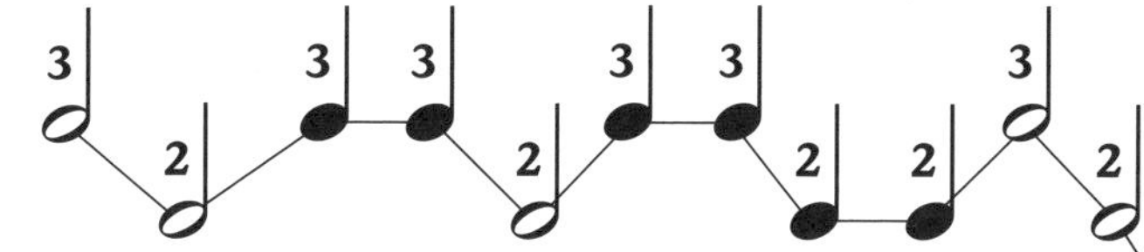

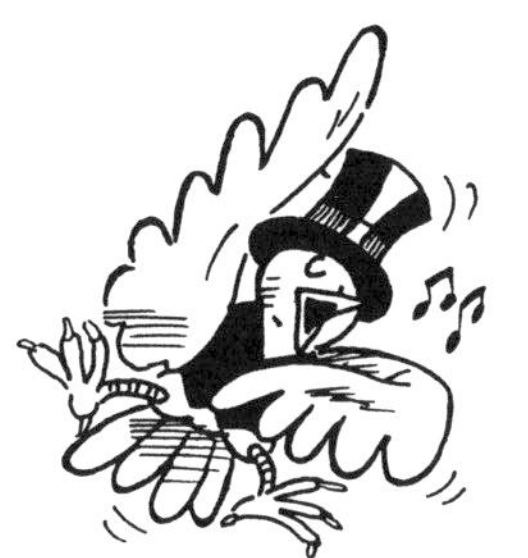

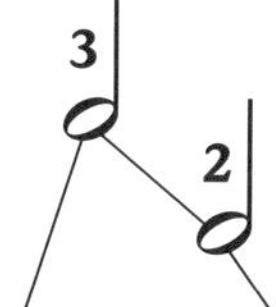

Ku-ckuck, sing mir doch ei - ne klei - ne Wei-se, Ku- ckuck sing sie laut, Ku- ckuck sing sie lei-se, Ku- ckuck Ku- ckuck

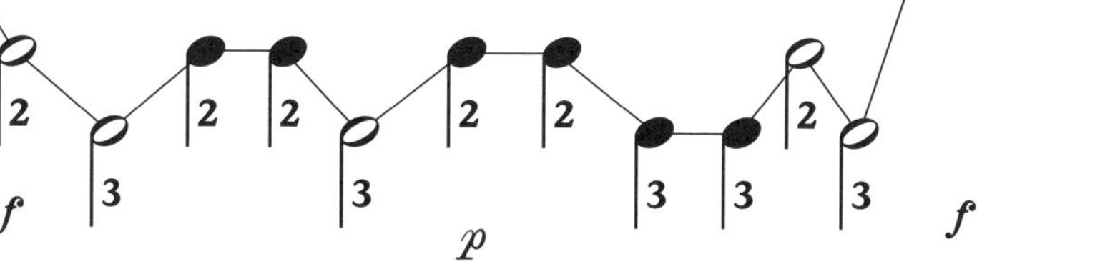

Text und Musik: Margret Feils

Fleißaufgabe

Hier kannst du zu den Abzählreimen die Notenwerte schreiben.

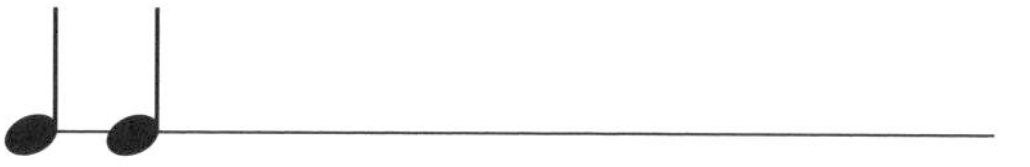

4/4 **I-xen di-xen Sil-ber-ni-xen,**

I-xen di-xen dei und du bist frei!

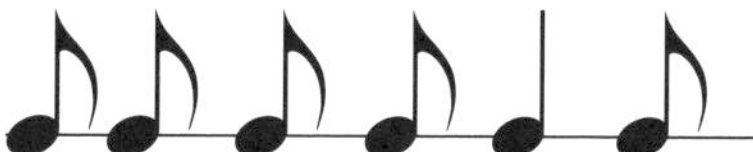

4/4 **E-ne me-ne Mi-ste, es rap-pelt in der Ki-ste,**

e-ne me-ne meck und du bist weg!

Lied vom Schmetterling

„Du Resa, mit den Kuckuckstönen von eben und einem Zwilling dazu, kann ich was ganz Tolles spielen, willst du mal hören?“

So legt Lilli ihre Finger auf die Tasten, und so legt Resa ihre Finger auf die Tasten:

TÖNERATESPIEL

Kannst du das Lied vom Schmetterling auch auswendig spielen?

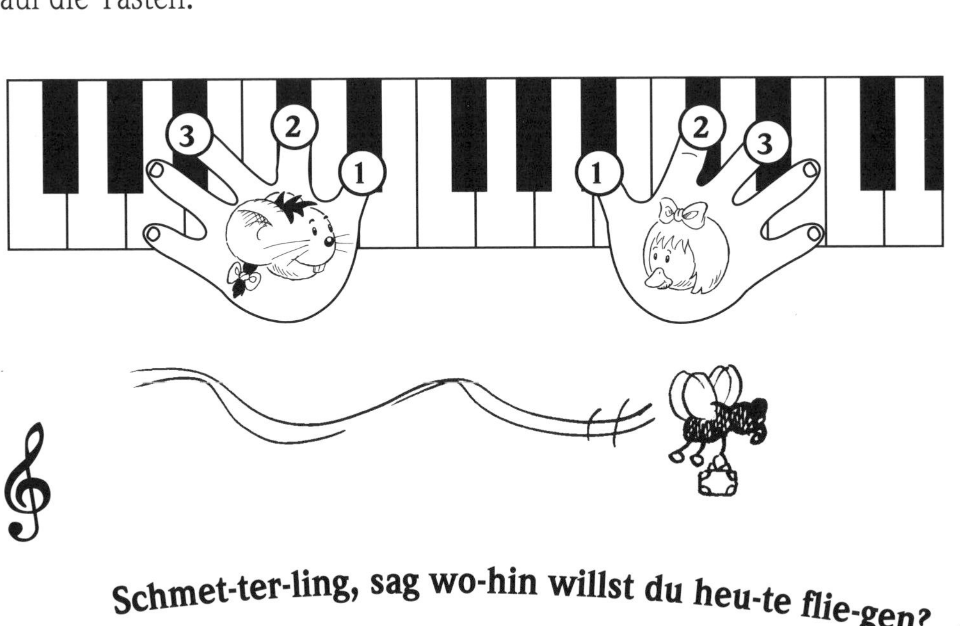

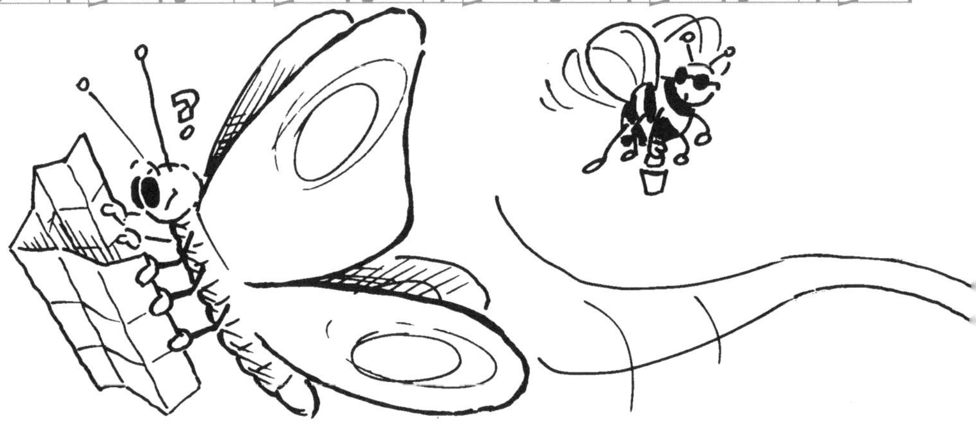

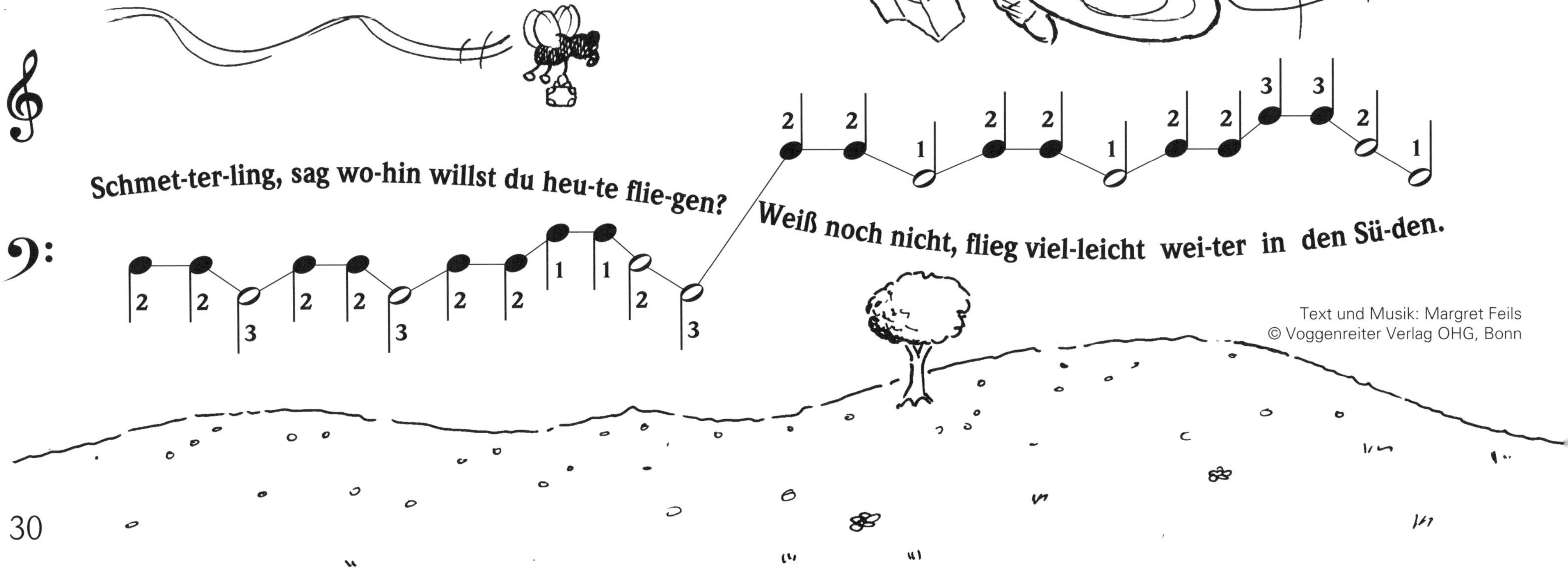

Schmet-ter-ling, sag wo-hin willst du heu-te flie-gen?

2 2 3 2 2 3 2 2 1 1 2 3

Weiß noch nicht, flieg viel-leicht wei-ter in den Sü-den.

2 2 1 2 2 1 2 2 3 3 2 1

Text und Musik: Margret Feils

Jetzt tüfteln Lilli und Resa aus, was sich denn noch so alles spielen lässt; wie wär's denn mit: „Ringel-Ringel-Reihe", oder „Backe-Backe-Kuchen" oder „1 2 3 4 Eckstein, alles muss versteckt sein" ...?

Jedenfalls ist hier Platz zum Aufschreiben:

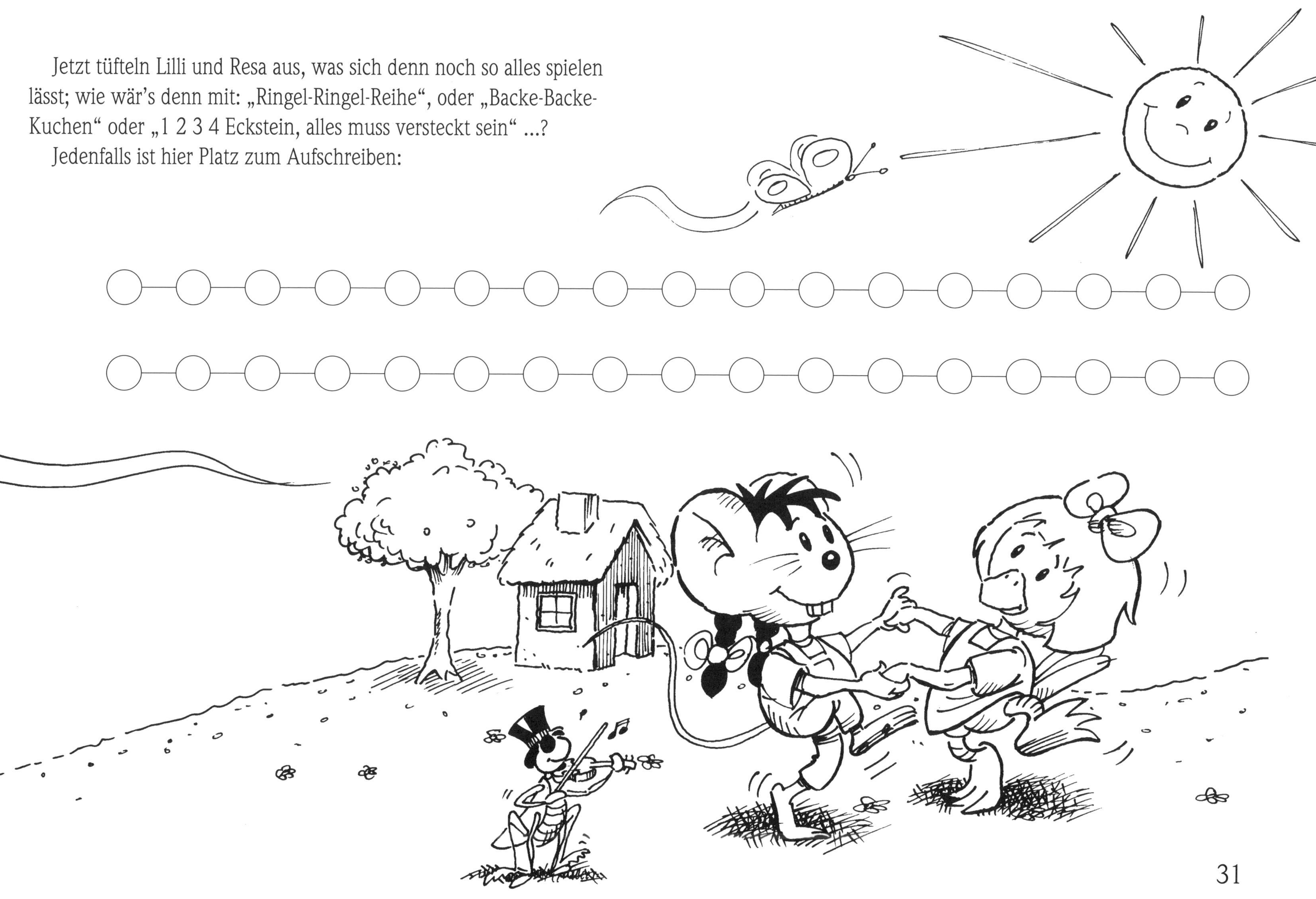

Was ist ein Takt?

Damit bei all den vielen Notenwerten mehr Ordnung entsteht, haben sich Lilli und Resa etwas einfallen lassen. Sie zeichnen Taktstriche zwischen die Notenwerte.

Die Takte sind wie kleine Pakete, die alle gleich viel Inhalt haben. Es gibt unterschiedlich große Pakete, man muss immer wissen, wieviel in ein Paket hinein soll. Am wichtigsten sind die Dreierpakete und die Viererpakete.

Ganz am Anfang eines Liedes steht immer, um welche Taktart es sich handelt:

Wenn 3 Viertelnoten hineinpassen, dann ist es ein Dreivierteltakt.

Wenn 4 Viertelnoten hineinpassen, dann ist es ein Viervierteltakt.

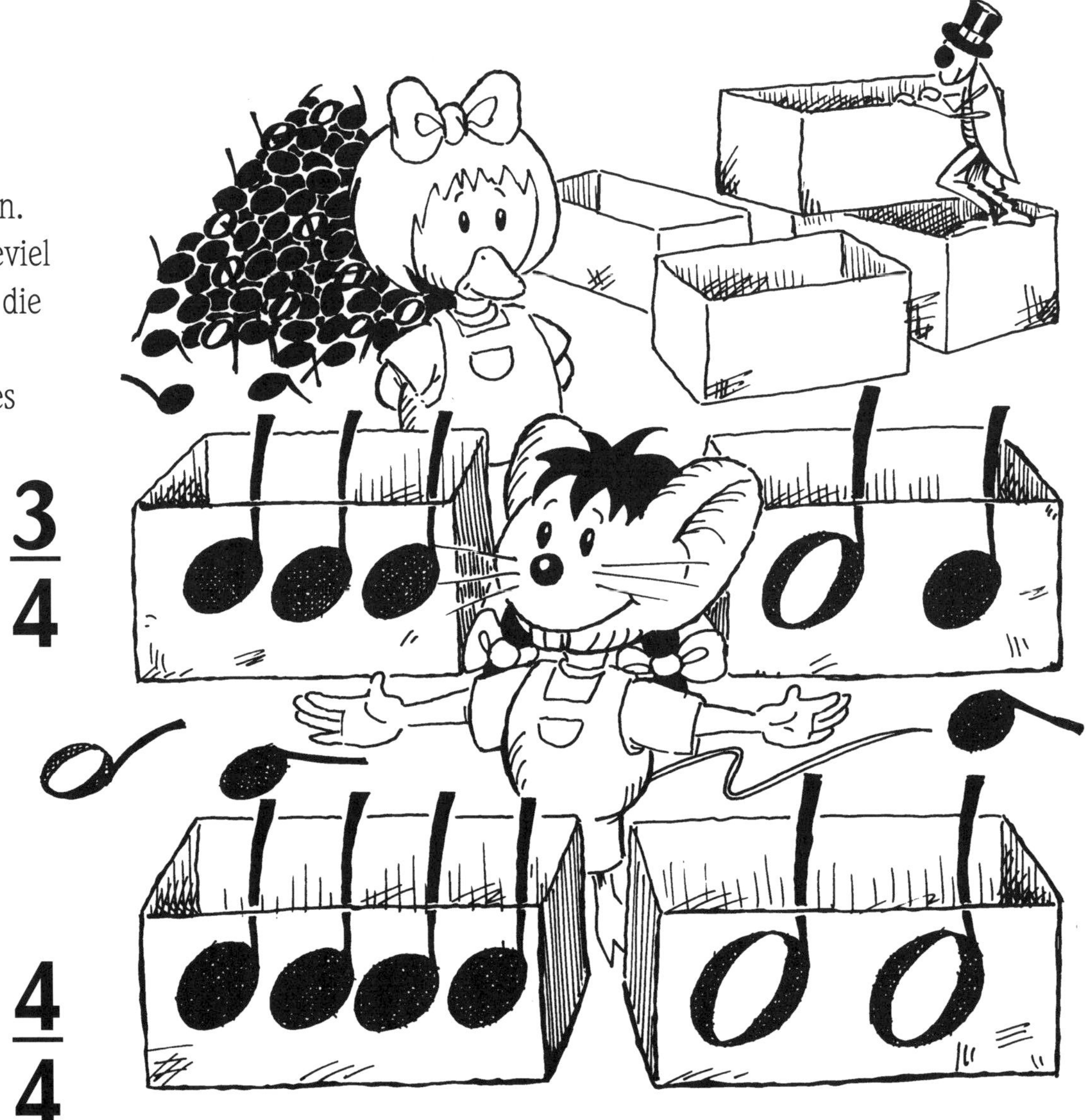

Die Zahl über dem Strich sagt also wieviele Grundschläge in einen Takt passen sollen, und die Zahl unter dem Strich verrät uns den Grundschlag.

Probier den Unterschied einmal aus:
Klatsche gleichmäßige Viertel und zähle dazu immer bis „drei“. Geh zu dem Klatschen mit gleichmäßigen Viertelschritten durch den Raum und stampfe immer bei der „eins“ kräftig auf den Boden.

Dasselbe jetzt mit dem Viervierteltakt, klatsche und zähle bis „vier“, stampfe auf der „eins“ kräftig auf.

MUSIKERSPRACHE

Die Musik wird in ***Takte*** *aufgeteilt. Am Anfang eines Liedes steht immer, wieviele* ***Grundschläge*** *der Takt enthalten soll.*
Der Grundschlag ist in etwa so, wie das stetige Rattern eines Zuges. Zu dem gleichmäßigen Rattern kommt dann der Rhythmus des Liedes.
Der erste Ton hinter dem Taktstrich ist immer besonders betont. So kann man die Taktarten gut unterscheiden.
Die Haupttaktarten sind:
der ***Viervierteltakt*** $\frac{4}{4}$ *und der* ***Dreivierteltakt*** $\frac{3}{4}$.

Hier sind die Pakete noch ganz leer, kannst du sie füllen?

$\frac{3}{4}$

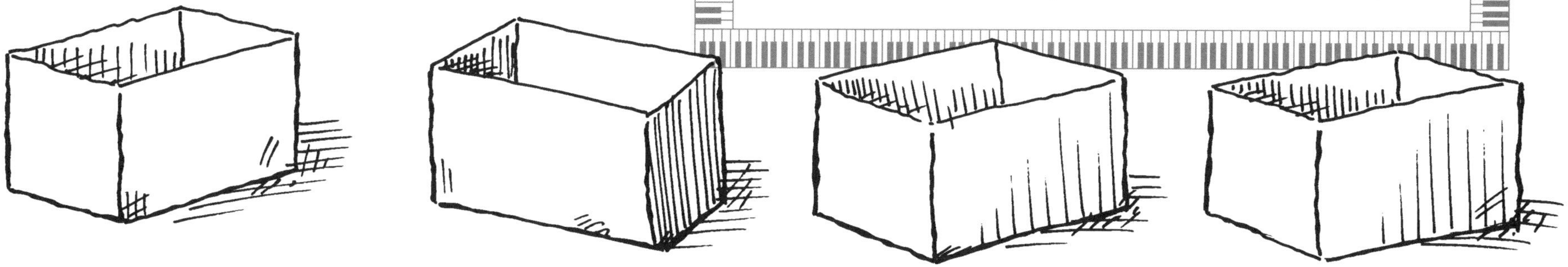

$\frac{4}{4}$

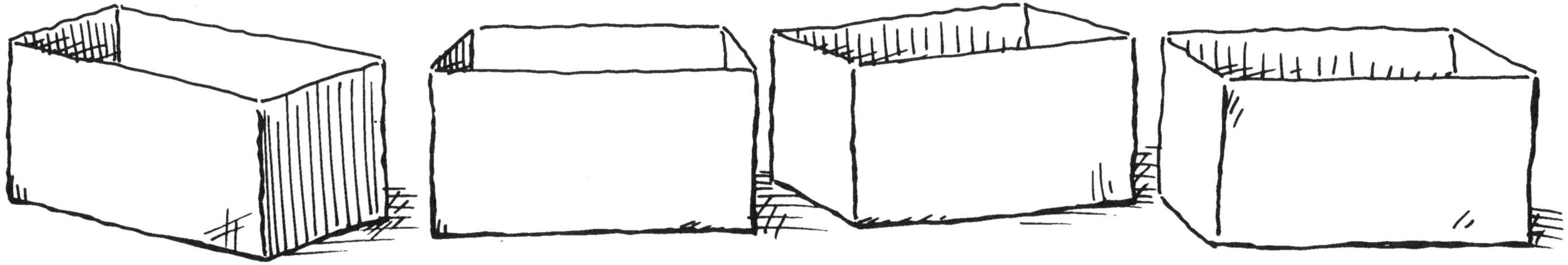

Spiel mit weißen und schwarzen Tasten

Allmählich wird es Resa zu langweilig, immer nur mit den Schwarzen zu spielen, deswegen spielt sie jetzt so:

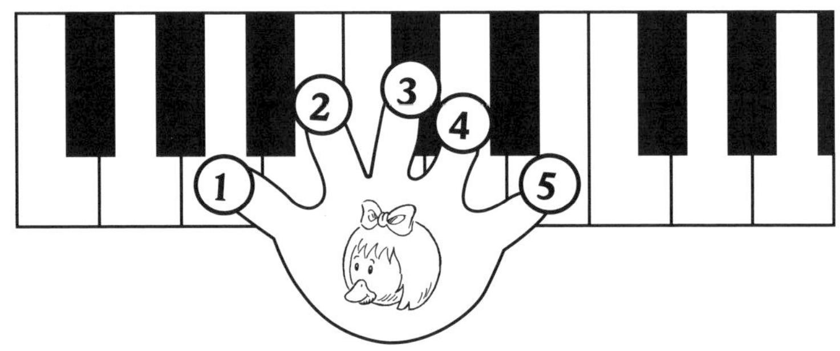

„Halt Resa, ich weiß was. Wenn ein Lied am Schluss mit den gleichen Tönen aufhört, mit denen es auch angefangen hat, dann brauchen wir doch nicht alles nochmal aufzuschreiben! Wir setzen einfach ein Zeichen in die Noten, dass das Lied wieder von vorne beginnt.“

Dieses Zeichen sieht so aus: **da capo;** das ist italienisch und heißt „von vorne“; **al Fine** heißt „bis zum Schluss“. Dort, wo das Wort „Schluss“ steht, endet das Lied.

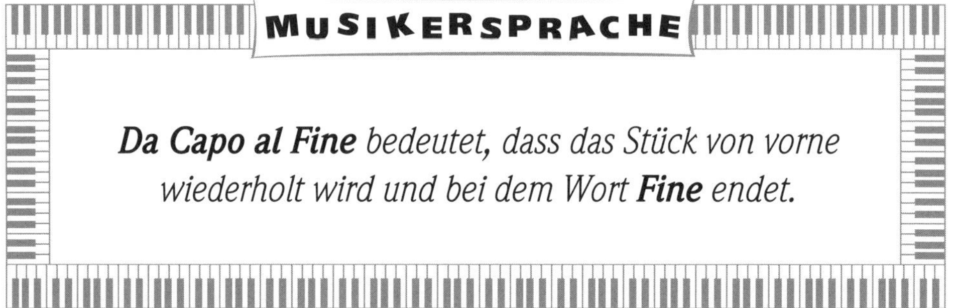

Lilli ist so begeistert von Resas Spiel, dass sie das auch mal probieren will. Nur muss sie ihre Finger natürlich anders sortieren. Hilf ihr und schreib ihren Fingersatz unter den Text!

Traditional

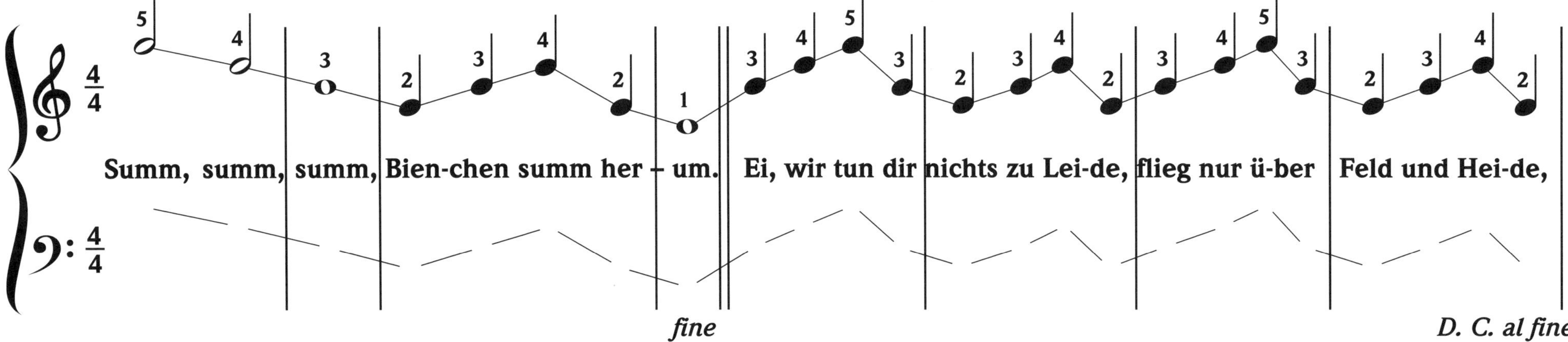

Kommt ein Vogel geflogen

Lilli und Resa schauen genau hin und sortieren ihre Finger genau so, wie es auf dem Bild gezeigt wird, damit sie das schöne Lied „Kommt ein Vogel geflogen“ spielen können.

Es steht im 3/4-Takt und beginnt mit einem Takt, der nicht vollständig ist. Das ist kein Druckfehler, sondern hat damit zu tun, dass das Lied unbetont beginnt, so wie das Wort „Tomatensuppe“ oder „Kartoffelpürree“. Vielleicht findest du auch noch ein paar Worte, die unbetont beginnen, oder gar ein Lied, so wie „Oh Tannenbaum“?

MUSIKERSPRACHE

Häufig beginnt ein Lied mit einer oder mehreren unbetonten Noten. Dann ist der erste Takt nicht vollständig. Er ergänzt sich mit dem letzten Takt zu einem vollständigen Takt.
*Man sagt: Das Lied beginnt mit einem **Auftakt.***

Und hier noch ein paar Rechenaufgaben, fülle die Takte:

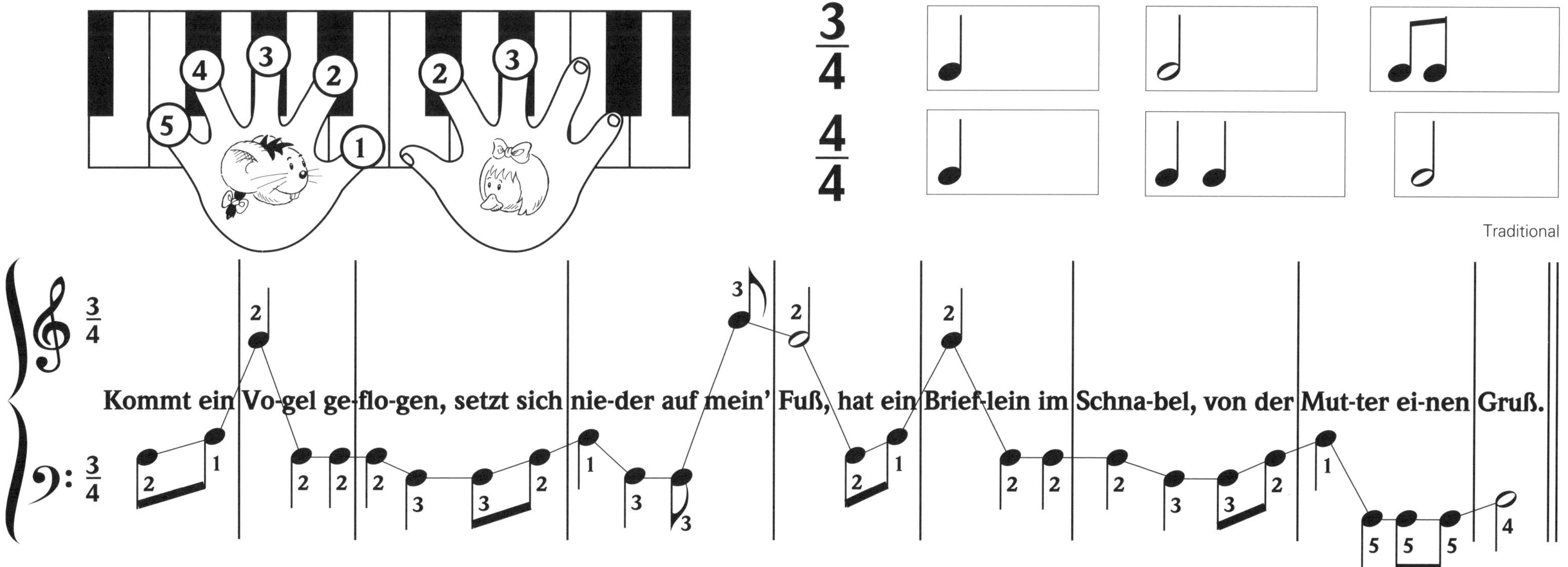

Das große Suchspiel

Hier haben Lilli und Resa einige Sätze zerschnitten. Nun müssen sie wieder zusammengesetzt werden. Trage du den richtigen Buchstaben von der rechten Seite in die leeren Kästchen ein. Wenn du alles richtig gemacht hast, ergeben die Buchstaben einen Lösungssatz.

☐ Das rechte Pedal …

☐ Das linke Pedal …

☐ Die Hämmerchen …

☐ Die Saiten …

☐ Die Dämpfer …

☐ Der Fingersatz …

☐ Der Violin-Schlüssel …

☐ Der Bass-Schlüssel …

☐ ***p*** = piano, heißt …

☐ ***f*** = forte, heißt …

☐ Der Takt …

☐ 𝅝 ist eine …

☐ 𝅗𝅥 ist eine …

☐ ♩ ist eine …

☐ $\frac{4}{4}$ bedeutet, dass …

☐ $\frac{3}{4}$ bedeutet, dass …

☐ Ein Auftakt ist …

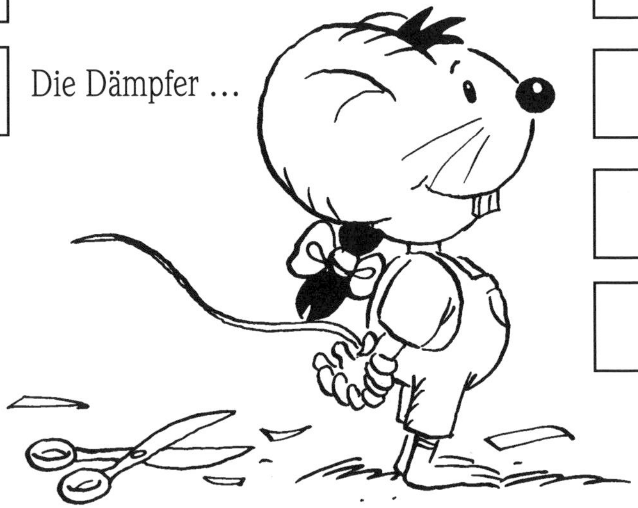

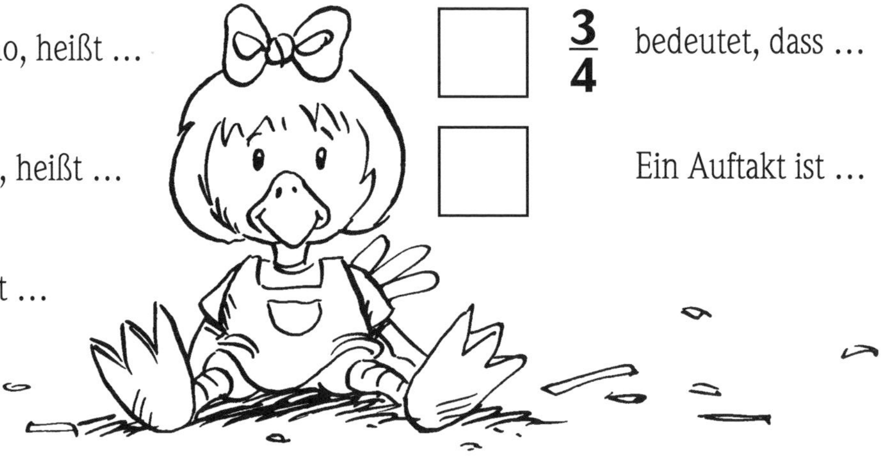

R … 3 Grundschläge in einem Takt sind.

D … legt genau fest, welcher Finger gesetzt werden soll.

U … schließt das Tor zu den hohen Tönen auf.

S … „laut“

A … schlagen gegen die Saiten.

! … kein vollständiger Takt am Anfang eines Musikstückes. Der letzte und der erste Takt ergeben dann zusammen einen vollständigen Takt.

B … löst alle Dämpfer von den Saiten, so dass alle Saiten mitschwingen können.

P … Viertelnote (Ein-Schlag-Note).

S … ganze Note (Vier-Schlag-Note).

E … 4 Schläge in einen Takt passen.

V … werden von den Hämmerchen angeschlagen und schwingen dann. So entstehen die Töne.

T … teilt die Musik in gleich große Einheiten ein.

R … verkürzt den Weg der Hämmerchen zu den Saiten. Man kann so leiser spielen.

U … halbe Note (Zwei-Schlag-Note).

B … schließt das Tor zu den tiefen Tönen auf.

O … liegen auf den Saiten und dämpfen sie.

I … „leise“.

Alle weißen Tasten werden entdeckt

Die schwarzen Tasten haben sich eine Pause verdient und sind alle eingeschlafen. Die weißen Tasten wollen nun gespielt werden.

„Puh, was für ein langer Weg! Komm Resa, wir machen das lieber zusammen. Ich fange an, und wenn ich beim Daumen angekommen bin, dann ist dein Daumen dran!“

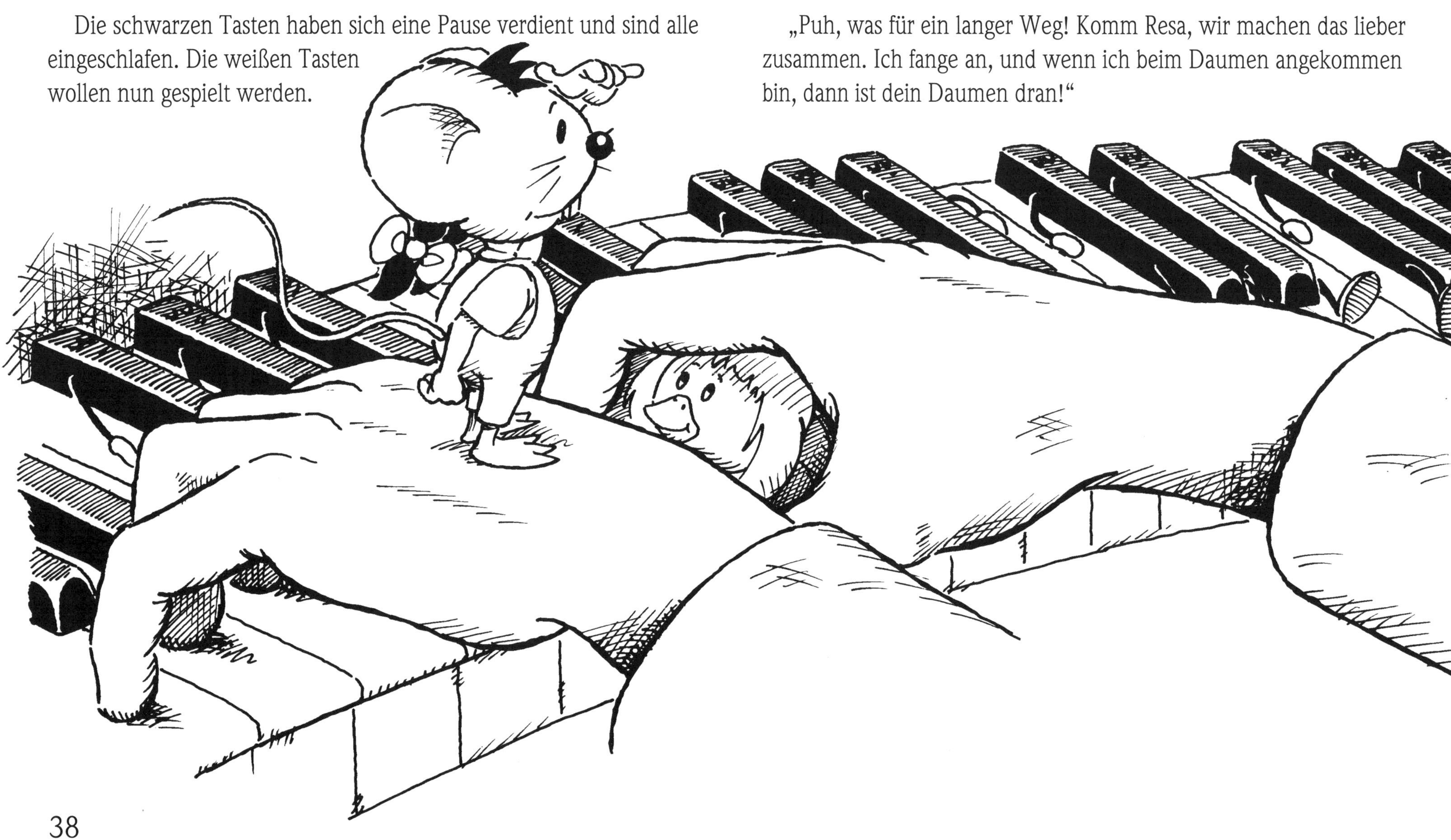

„Au fein, ich hab noch ’ne prima Idee: Wir fangen erst ganz langsam an, und ganz allmählich werden wir immer schneller.“

„Du meinst, wir sollen am Anfang so richtig trödeln und schlendern und dann allmählich gemütlich gehen, dann eilen, laufen, rennen, hetzen ...?“

„Ja, genau, aber trotzdem soll es immer Legato bleiben!“

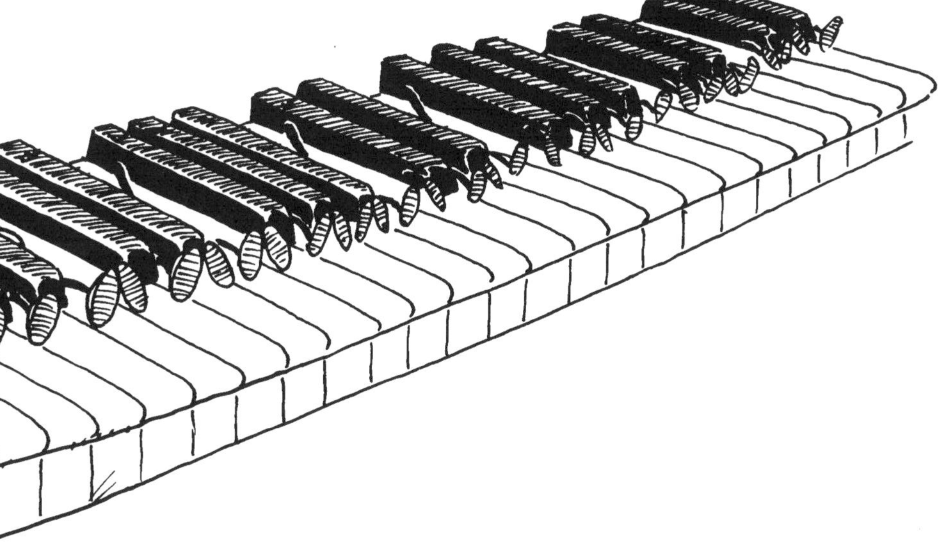

Weißt du noch? Die Handhaltung ist dann richtig, wenn noch Platz in der Höhle für Lilli und Resa ist!

Ob die zwei wohl schon so weit zählen können, dass sie alle weißen Tasten abzählen?

Es gibt ... weiße Tasten auf dem Klavier.

TÖNERATESPIEL

„Lilli komm, wir spielen das mal so:
Ich mache entweder einen Tonschrittt oder
einen Tonsprung mit den weißen Tasten und du sagst
mir, was es war, ja?“
„Hast du vergessen, Resa, es gibt ja noch die
Tonwiederholung!“

Lückenspiel

„Mensch Lilli, guck mal, da ist ja immer eine Lücke zwischen den Kuckuckstönen. Da spring ich jetzt mal rein!“ Und mit großem Schwung springt Resa nun von Lücke zu Lücke, so wie ein Frosch. Die Bewegung sieht so aus:

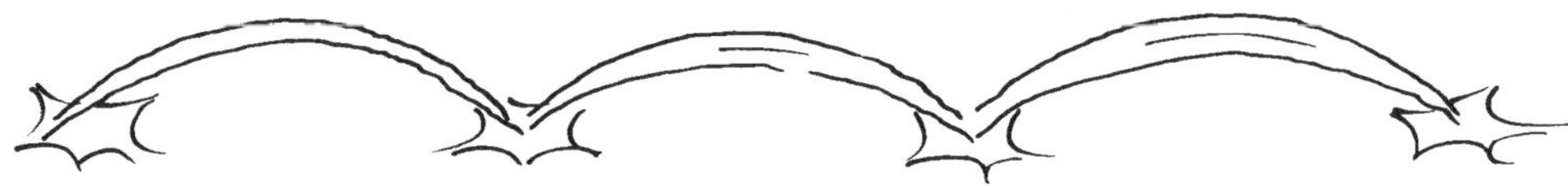

Weißt du noch, wie die Töne genannt werden, die ganz kurz und wie im Sprung angeschlagen werden?

MUSIKERSPRACHE

Da, wo auf dem Klavier die Lücken sind, wo zwischen den weißen Tasten also keine schwarze Taste liegt, ist ein ***Halbtonschritt.*** *Diese Töne liegen ganz dicht beieinander, hör mal hin. Zu dem Halbtonschritt sagen die Musiker auch* ***kleine Sekund.***
Wenn aber eine schwarze Taste zwischen den weißen liegt, dann ist das schon ein ***Ganztonschritt,*** *was die Musiker als* ***große Sekund*** *bezeichnen.*

Ich bin ein Frosch
und suche die Mücke,
so springe ich schnell
von Lücke zu Lücke, quak, quak, schnapp!

Lilli hat nachgezählt und herausgefunden, dass es genau ... Lücken gibt.

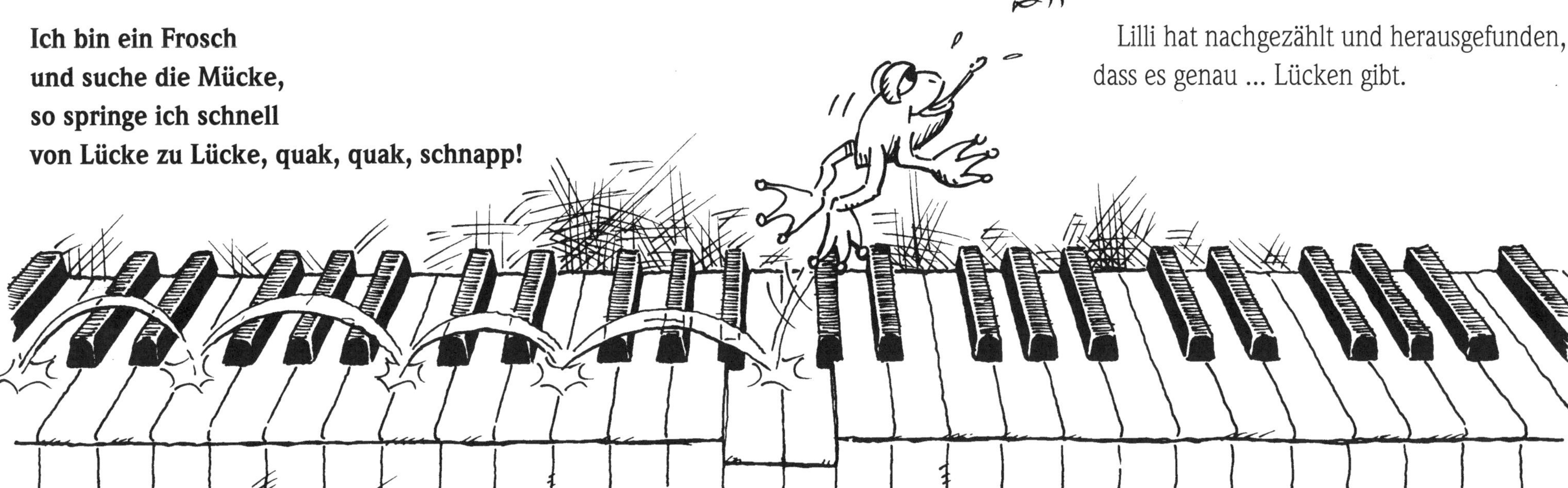

Feuerwehrlied

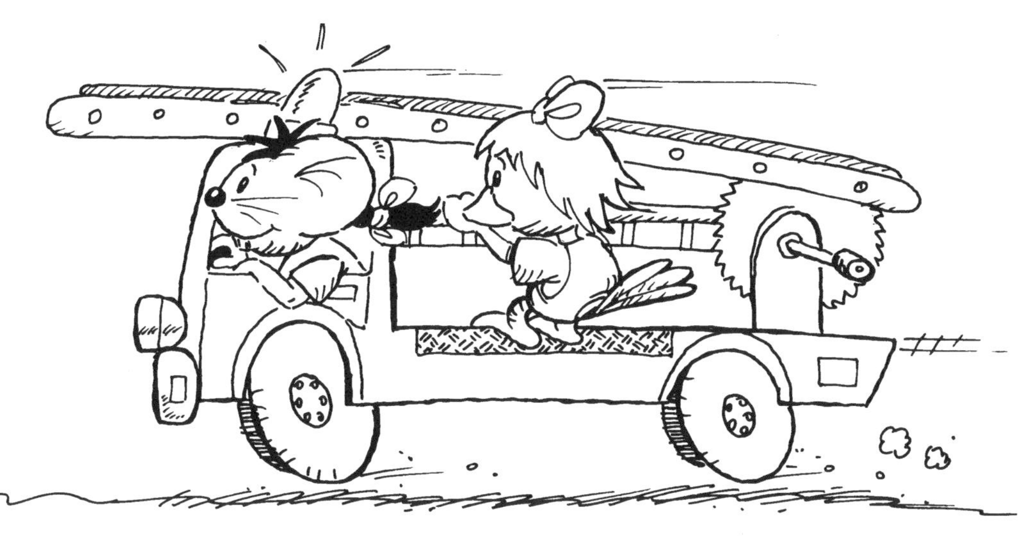

„Also, wenn du mich fragst, die Froschsprünge klingen ganz verdächtig nach Feuerwehr. Das könnte ein prächtiges Stück Musik werden!“

Und ganz oben beginnen die beiden das Feuerwehrspiel; je näher die Feuerwehr kommt, um so mehr wird in der Mitte gespielt. Ist das Feuer gelöscht, braust die Feuerwehr über die tiefen Töne auf und davon …

Ta-tü ta-ta, die Feuerwehr ist da,
herbei, ohwei, es brennt, es brennt,
ta-tü ta-ta, die Feuerwehr ist da,
sie löscht so schnell, so schnell sie kann,
stolz ist jeder Feuerwehrmann!
Ta-tü ta-ta, die Feuerwehr war da.

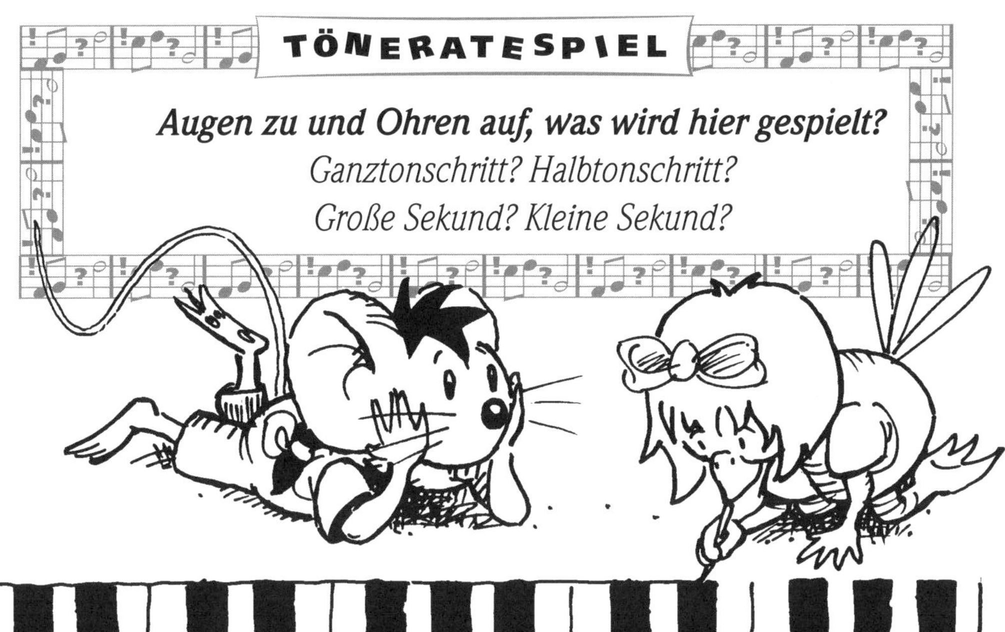

Resa hat ein Bild von den Tasten hingemalt. Lilli soll herausfinden, was kleine Sekunden und große Sekunden sind. Hier ist Platz zum Aufschreiben: **GS** = große Sekund, **KS** = kleine Sekund.

Lilli und Resa erfinden die Notenschrift

Resa ist nachdenklich:

„Zu dumm, es muss doch möglich sein, mit den Notenköpfen noch mehr anzufangen. Ich meine, wir können uns schon aufschreiben, wie lange ein Ton klingt und welcher Finger spielen soll, aber genau welche Taste gemeint ist, das können wir immer noch nicht aufschreiben. Die Notenköpfe hängen einfach zu sehr in der Luft herum! Für jeden Ton soll es ein schönes Zuhause geben!“

Cesa, die Mutter der Notenrasselbande, erzählt:

„Lange bin ich gewandert, durchstreifte Täler und Wälder, sah Wiesen und Felder, kletterte so manch einen Berg hinauf und rastete an großen Bäumen und unter bunten Blumen, immerzu auf der Suche nach einem gemütlichen Fleckchen, wo ich mich niederlassen kann…

Und endlich, nach langer Reise hab ich ein so schönes Örtchen gefunden: Hier will ich bleiben!“

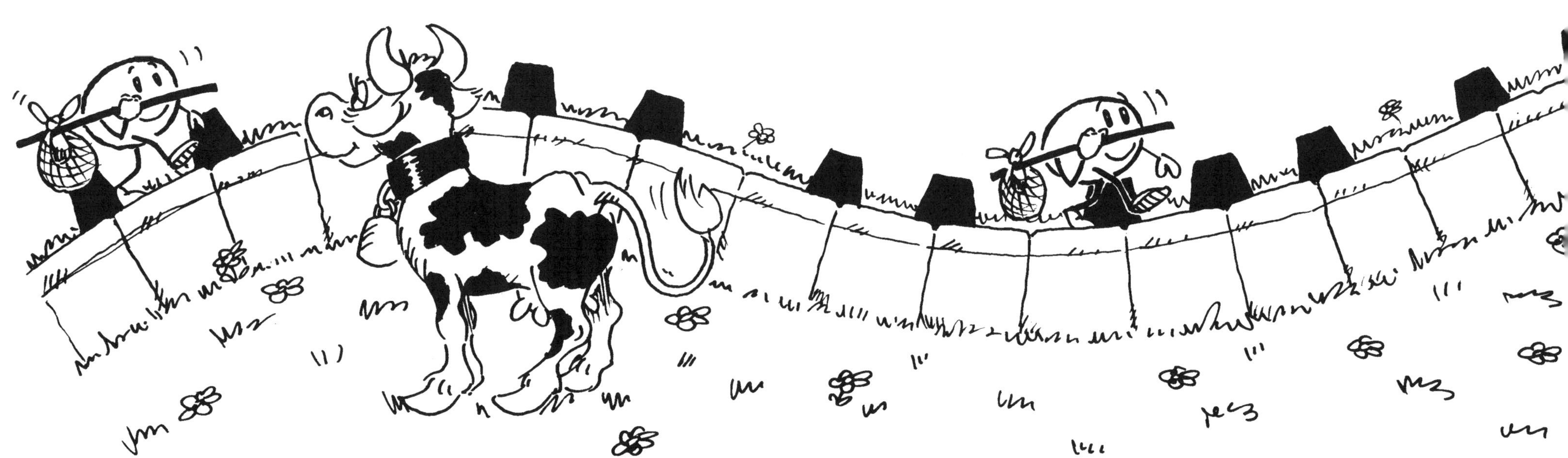

C wie Cesa,
das ist hier,
fast in der Mitte
vom Klavier!

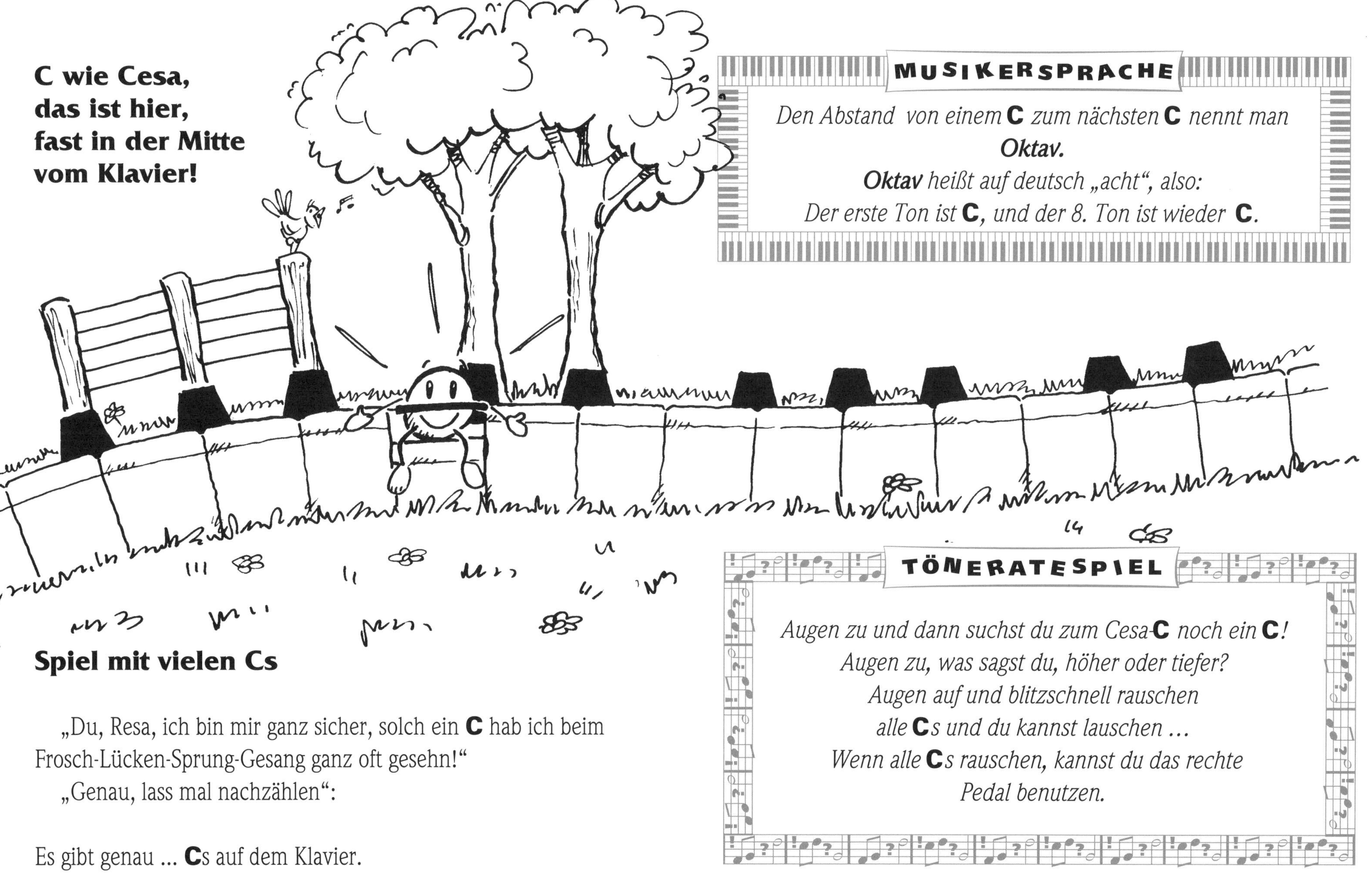

MUSIKERSPRACHE

Den Abstand von einem **C** *zum nächsten* **C** *nennt man* ***Oktav.***
Oktav *heißt auf deutsch „acht“, also:*
Der erste Ton ist **C**, *und der 8. Ton ist wieder* **C**.

Spiel mit vielen Cs

„Du, Resa, ich bin mir ganz sicher, solch ein **C** hab ich beim Frosch-Lücken-Sprung-Gesang ganz oft gesehn!“

„Genau, lass mal nachzählen“:

Es gibt genau ... **C**s auf dem Klavier.

TÖNERATESPIEL

*Augen zu und dann suchst du zum Cesa-***C** *noch ein* **C***!*
Augen zu, was sagst du, höher oder tiefer?
Augen auf und blitzschnell rauschen
alle **C***s und du kannst lauschen …*
Wenn alle **C***s rauschen, kannst du das rechte*
Pedal benutzen.

„Schön und gut, Lilli, jetzt wissen wir also immerhin schon, wo das mittlere **C** auf dem Klavier ist. Hier wohnt **C**esa. Jetzt müssen wir das aber irgendwie aufmalen, oder?"

Die Erforschungsversuche der Notenrasselbande

An einem wunderschönen Morgen machten sich die Kinder von Cesa auf die Reise; sie wollten die Welt kennenlernen! So kamen sie bis zum Weidenzaun von nebenan. Hoch hinauf kletterten da unsere Freunde. „Seht, was ich kann" rief eins von ganz oben, und fast wäre es hinabgepurzelt. Zwei aber fanden es so bequem, sich zwischen den Drähten auszuruhen, dass bald alle Abenteuerlust vergessen war. Aber weit ins Land schauen konnte man doch!

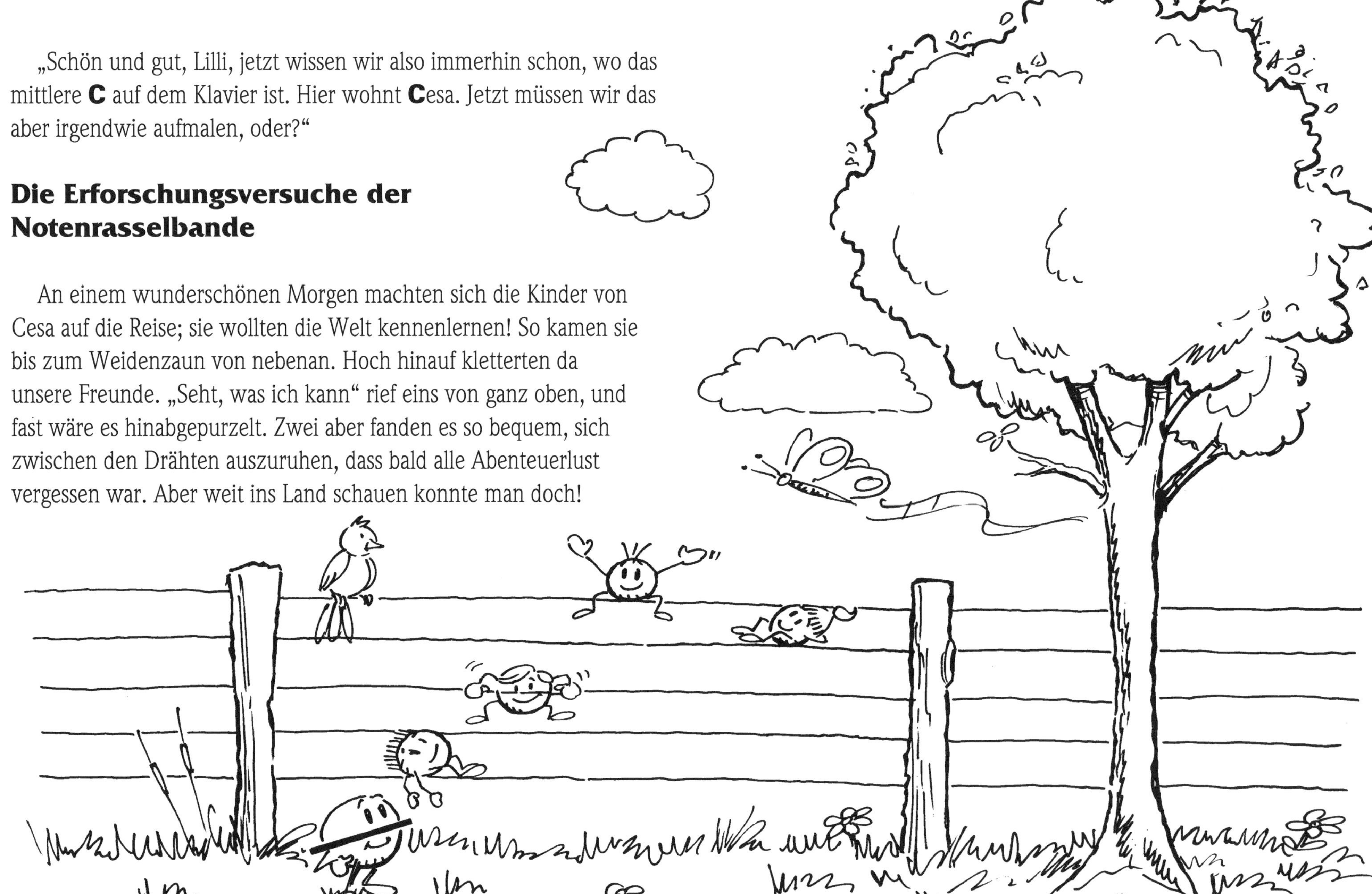

„Mensch Lilli, das ist *die* Idee: Ich zeichne mir Linien auf ein Blatt, sagen wir genau fünf, soviel wie ich Finger habe, und da können die Notenrasselbandenkinder hineinklettern."

„Echt prima Resa, und was ist mit mir?"

„Mach dir doch auch fünf Linien, die sind dann unter meinen Linien, und an den Notenschlüsseln erkennen wir zusätzlich, wer gemeint ist!"

Hier kannst du für die beiden die Notenrasselbandenkinder hineinmalen. Die bequemen Kinder ruhen sich zwischen den Linien aus, die emsigen klettern über eine Linie hinweg:

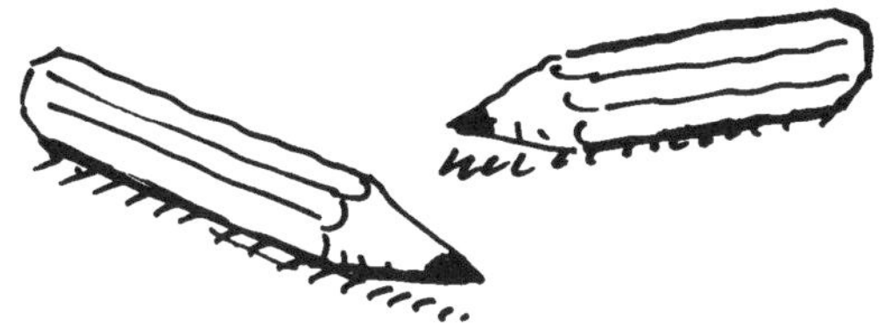

MUSIKERSPRACHE

*Die Noten werden in einem **5-Liniensystem** aufgeschrieben. 5 Linien für den Violin-Schlüssel und 5 Linien für den Bass-Schlüssel.*
*Bei 5 Linien entstehen **4 Zwischenräume.***
Entweder liegen die Noten zwischen zwei Linien, oder die Linie geht durch die Note hindurch. Eine geschweifte Klammer zeigt an, dass die beiden Systeme zusammengehören. Die Taktstriche gehen durch beide Systeme, und am Schluss eines Stückes steht ein doppelter Taktstrich, das ist der Schluss-Strich.

C wie Cesa

„Du hast gute Ideen, Resa! Aber jetzt hab ich auch eine: Wir setzen die Cesa-Mutter genau zwischen unsere beiden Liniengruppen, also **C** ist in der Mitte vom Klavier, und **C** liegt in der Mitte von den Notenlinien!"

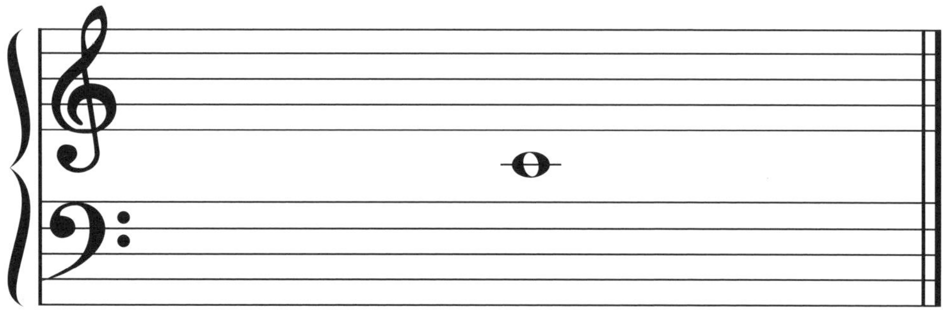

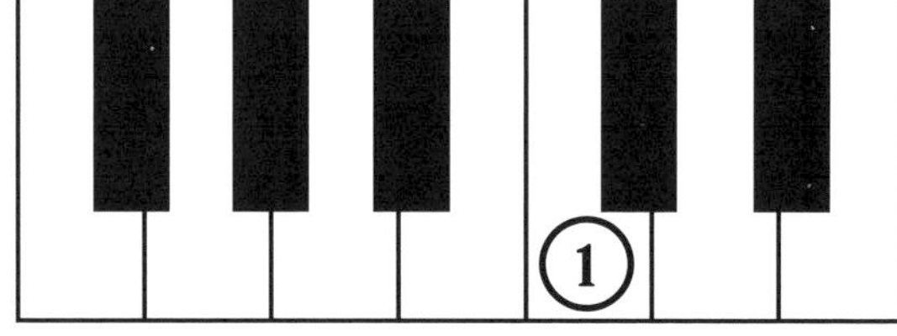

Resa malt das **C** und die **C**-Taste danach bunt an.

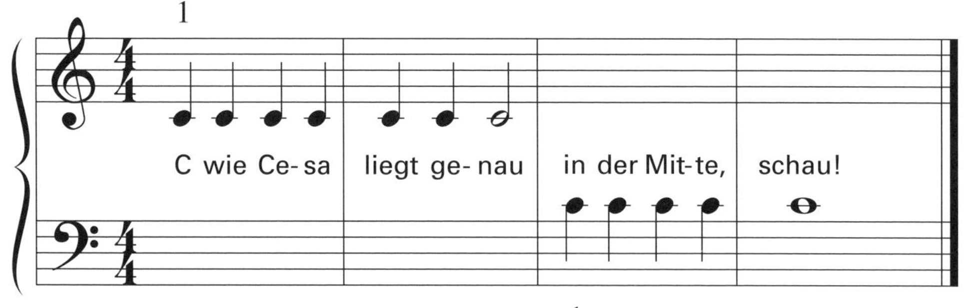

MUSIKERSPRACHE

Das mittlere **C** *steht genau zwischen den beiden Systemen auf einer eigenen kleinen Linie, die* ***Hilfslinie*** *genannt wird.*
Der Abstand von einem **C** *zu genau demselben* **C** *heißt in der Musikersprache* ***Prim.***
Prim heißt „1", also vom ersten Ton zum ersten Ton ist eine Prim.

„Wunderbar, Lilli, so wird's gemacht, und damit das **C** nicht so in der Luft schwebt, bekommt es eine eigene kleine Linie für sich ganz alleine."

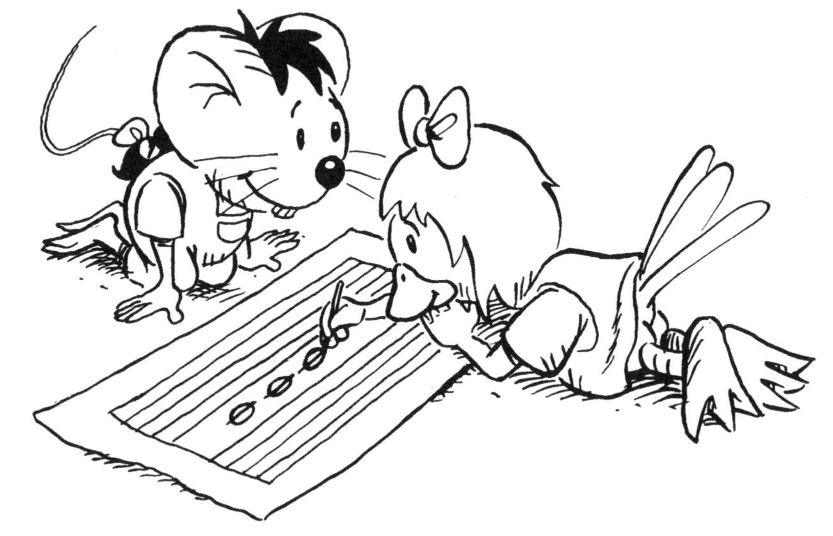

C-malen

Hier ist genug Platz, damit die beiden üben können, wie sie so ein **C** als Note malen können. Damit jeder weiß, wer das **C** spielen soll, bekommt Resas **C** einen Notenhals nach oben, Lillis **C** einen Notenhals nach unten. Das geht natürlich nicht bei der ganzen Note; fällt dir hierfür eine Lösung ein?

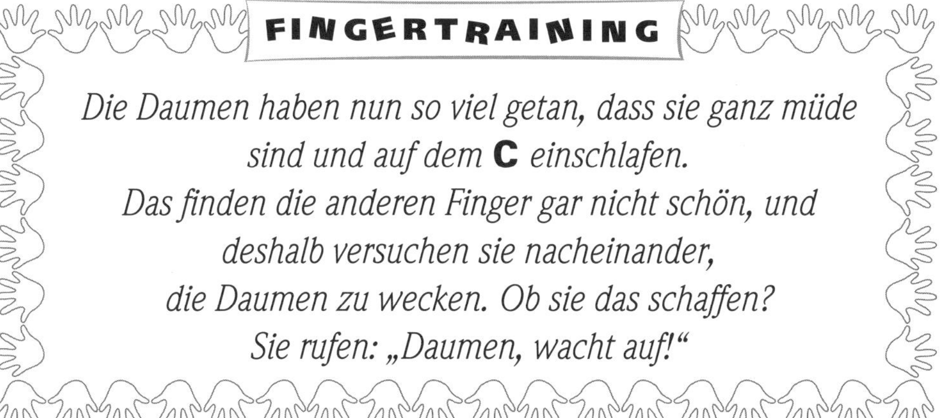

FINGERTRAINING

Die Daumen haben nun so viel getan, dass sie ganz müde sind und auf dem **C** *einschlafen.*
Das finden die anderen Finger gar nicht schön, und deshalb versuchen sie nacheinander, die Daumen zu wecken. Ob sie das schaffen?
Sie rufen: „Daumen, wacht auf!“

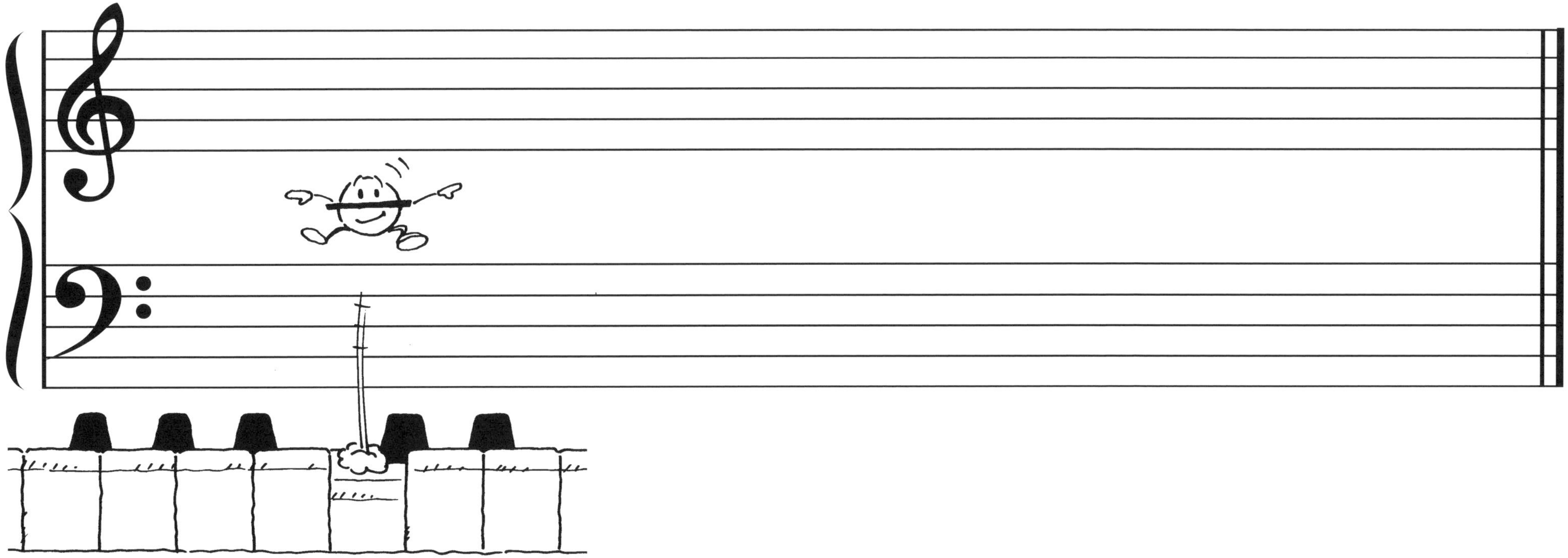

Cesas Kinder stellen sich vor

Lilli und Resa werden richtig neugierig, wie heißen wohl die Kinder von der weisen Cesa-Mutter?

„Ich will es Euch anvertrauen," sagt Cesa und flüstert Lilli den Namen „**H**ans" ins Ohr.

„**H**ans, kurz auch **H** genannt, hängt so sehr an mir, nie würde er mir davon laufen. Hört nur her, wie er immer wieder zu mir will!"

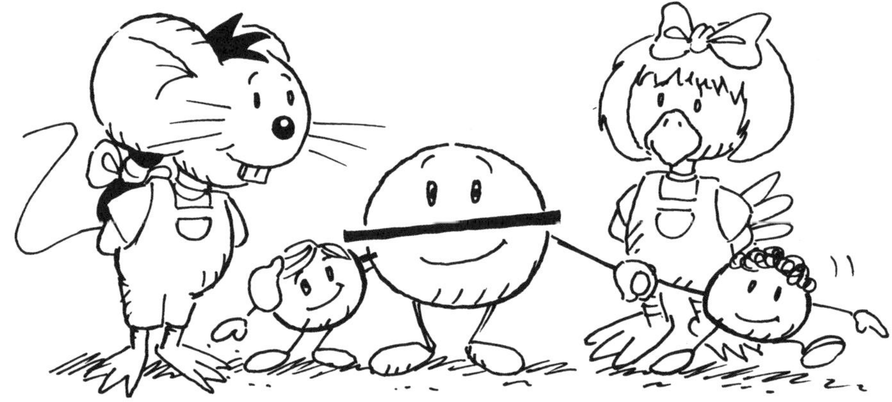

Das probiert Lilli gleich aus: „Hans ist der Ton für meinen 2. Finger," sagt Lilli stolz und spielt zwischen **C** und **H** hin und her.

„Und ich?" fragt Resa, „mit wem habe ich zu tun?" Und wieder flüstert die weise Cesa-Mutter den Namen in Resas Ohr:

„Lausche Resa, lausche, dein 2. Finger soll nun mit meinem **D**etlev spielen. Auf den musste ich schon immer besonders achten, denn zu gerne läuft er mir davon!"

Jetzt müssen sich die beiden natürlich das Bild von ihren Tönen malen:

„Ist doch ganz einfach Resa, mein **D** ist ein Tonschritt höher als das **C**, also lass ich den Detlev eine Stufe nach oben klettern, so dass er genau unter meiner ersten Linie hängt!"

„Und mein **H** ist ein Tonschritt tiefer als das **C**, deshalb klettert Hans nach unten! Er liegt genau über meiner 5. Linie!"

Resa malt ihr **D** und die **D**-Taste rosa an, Lilli malt ihr **H** und die **H**-Taste lila.

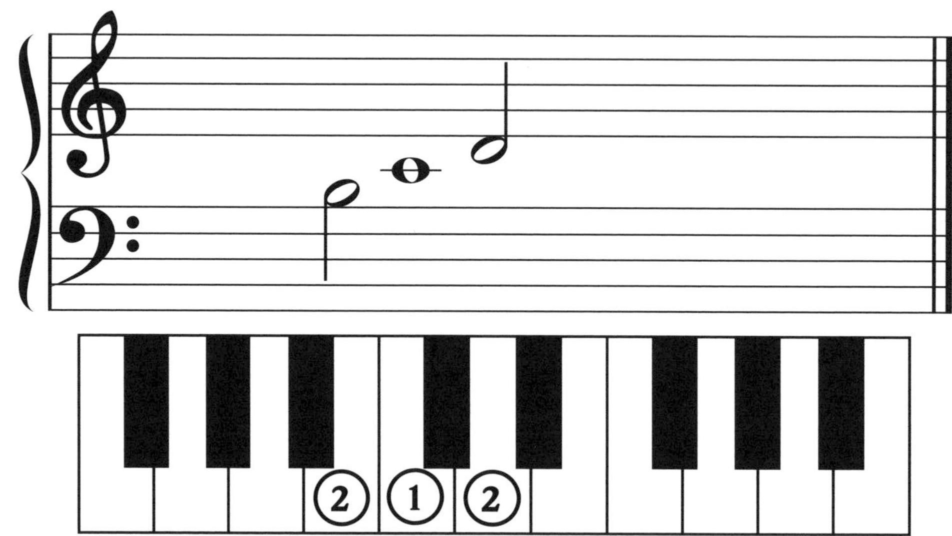

MUSIKERSPRACHE

Der Abstand vom ersten zum zweiten Ton heißt ***Sekund****. Von* **H** *nach* **C** *ist eine* ***kleine Sekund****, von* **C** *nach* **D** *ist eine* ***große Sekund****.*
Zwischen der großen Sekund liegen zwei Halbtonschritte.
Zwischen der kleinen Sekund liegt nur ein Halbtonschritt.

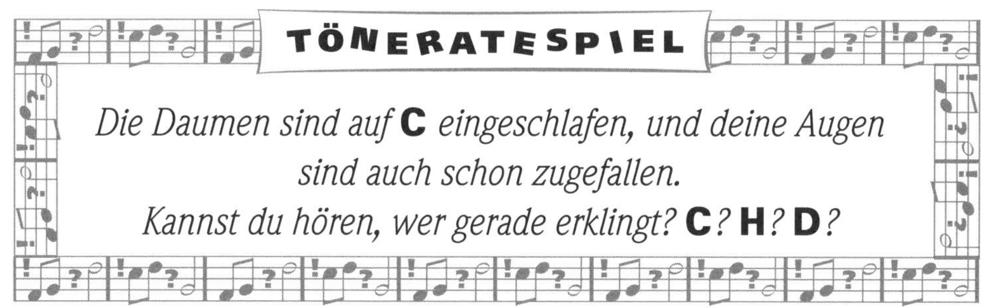

TÖNERATESPIEL

Die Daumen sind auf **C** *eingeschlafen, und deine Augen sind auch schon zugefallen.*
Kannst du hören, wer gerade erklingt? **C***?* **H***?* **D***?*

Cesa will zu Hans

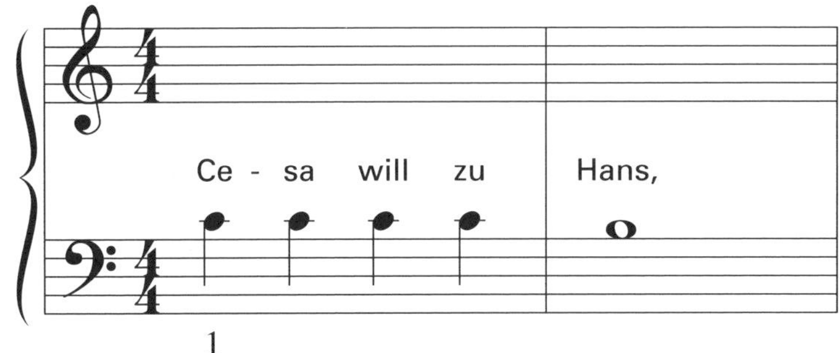

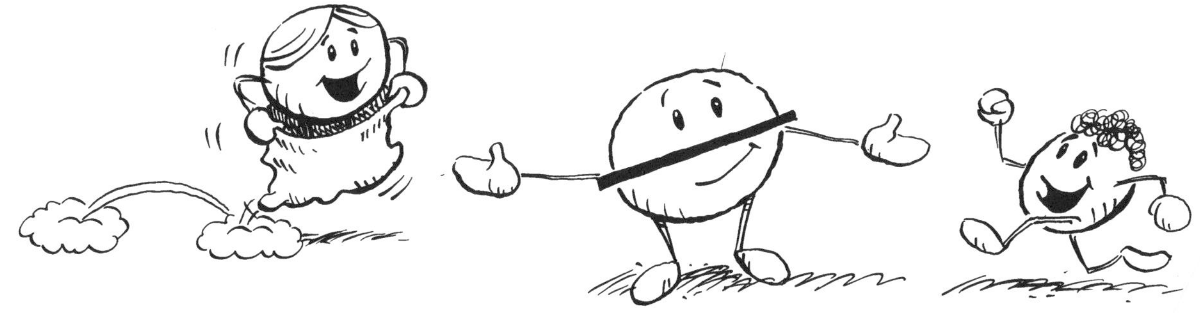

Text und Musik: Margre

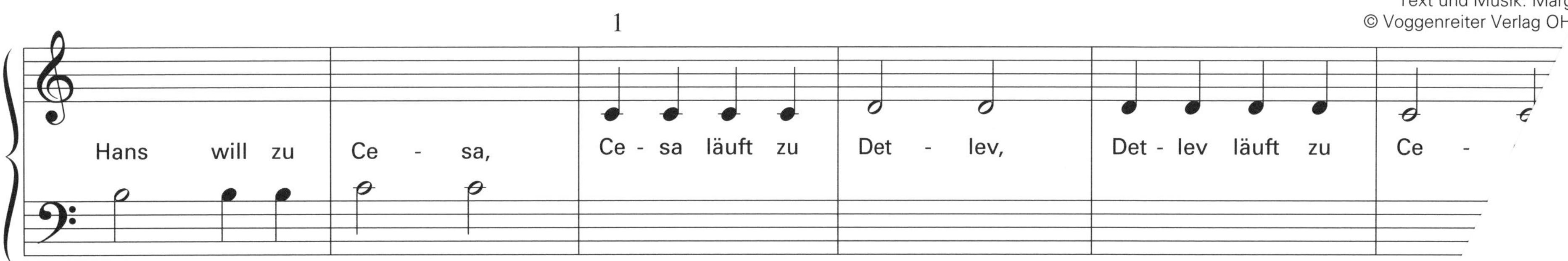

Kuckuckslied mit D und H

„Du Lilli, wenn ich das **D** spiele und du das **H**, das hört sich doch genau wie die Kuckuckstöne an!“

Resa schreibt die Noten vom Kuckuckslied zu Ende.

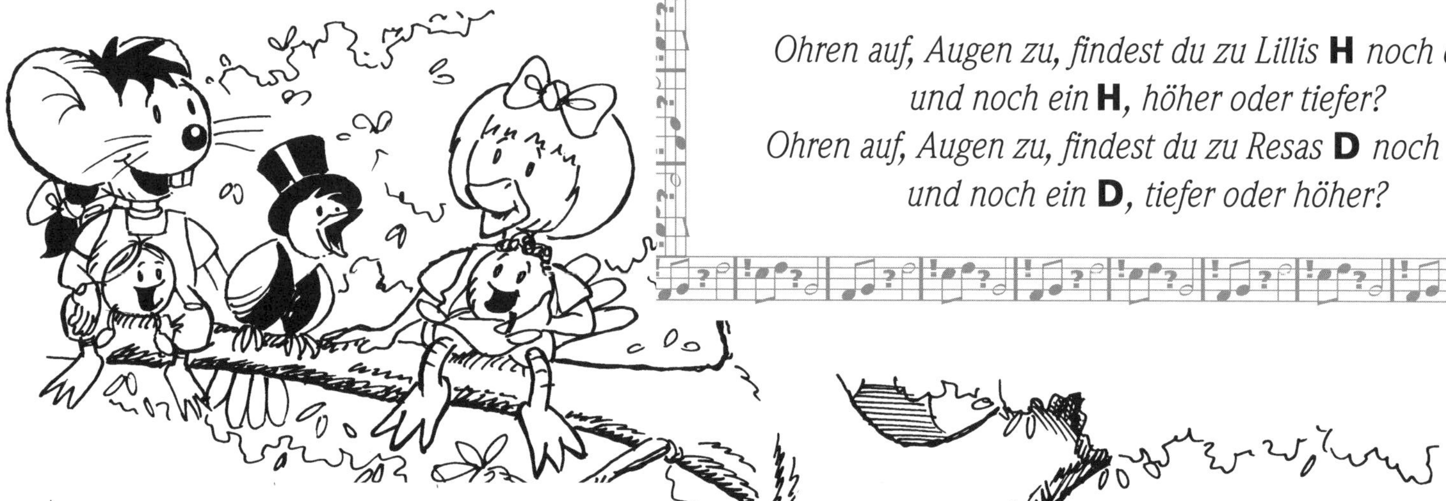

TÖNERATESPIEL

Ohren auf, Augen zu, findest du zu Lillis **H** *noch ein* **H** *und noch ein* **H**, *höher oder tiefer?*
Ohren auf, Augen zu, findest du zu Resas **D** *noch ein* **D** *und noch ein* **D**, *tiefer oder höher?*

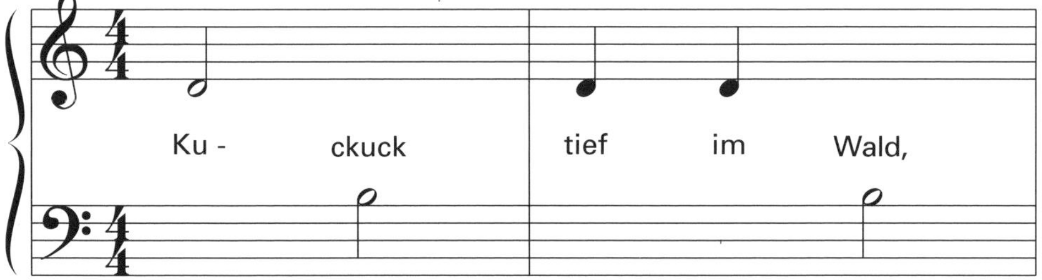

Ku - ckuck tief im Wald,

2

Hier wird fleißig gezählt:

Es gibt ... **H**s auf dem Klavier.
Es gibt ... **D**s auf dem Klavier.

Text und Musik: Margret Feils

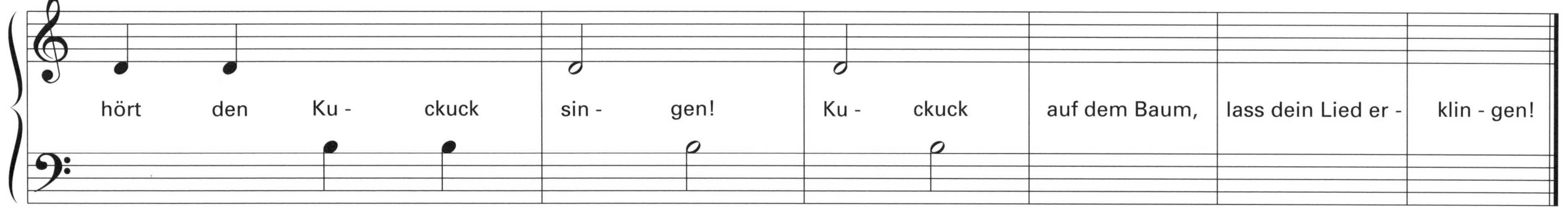

E und A stellen sich vor

Die Daumen bewachen das **C**, so dass die 2. Finger ihre Töne finden können. Jetzt werden die 3. Finger aber sehr ungeduldig! Mit wem haben sie es wohl zu tun?

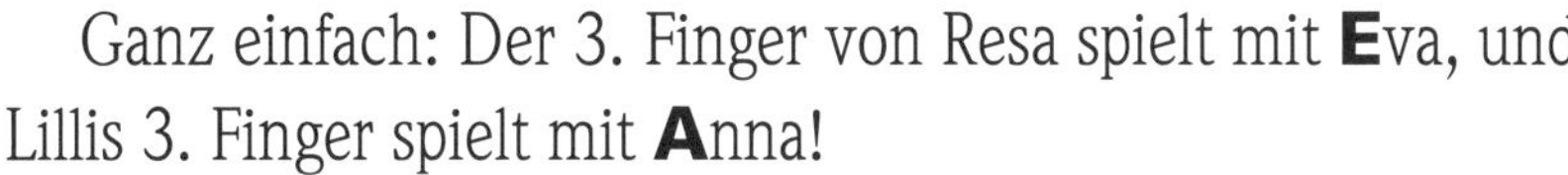

Ganz einfach: Der 3. Finger von Resa spielt mit **E**va, und Lillis 3. Finger spielt mit **A**nna!

„Also," grübelt Resa, „wenn mein **D** unter der ersten Linie liegt, dann klettert das **E** wohl genau über die erste Linie drüber, oder?"

Resa hat recht! Jetzt muss Lilli noch herausfinden, wo ihr **A** denn hin klettert ...

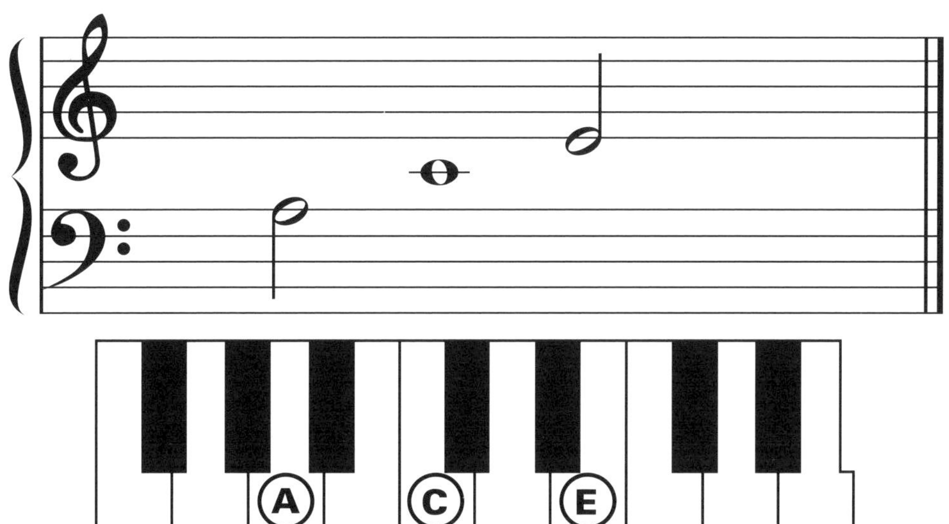

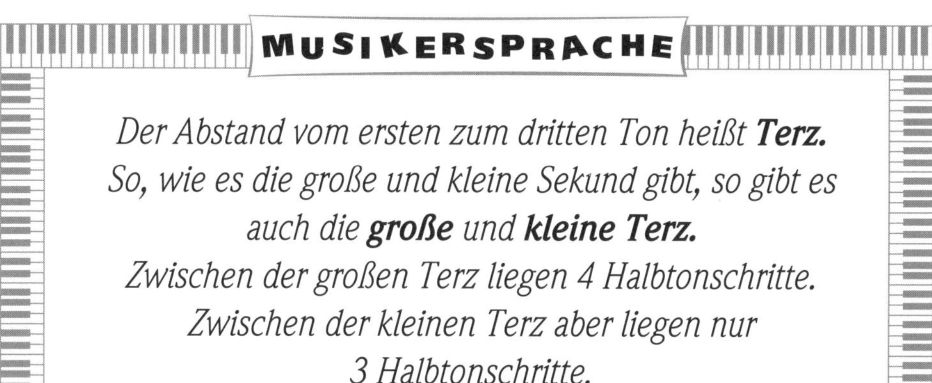

MUSIKERSPRACHE

*Der Abstand vom ersten zum dritten Ton heißt **Terz.***
*So, wie es die große und kleine Sekund gibt, so gibt es auch die **große** und **kleine Terz.***
Zwischen der großen Terz liegen 4 Halbtonschritte.
Zwischen der kleinen Terz aber liegen nur 3 Halbtonschritte.

Resa hat gezählt:

Es gibt ... **A**s auf dem Klavier. Es gibt ... **E**s auf dem Klavier.

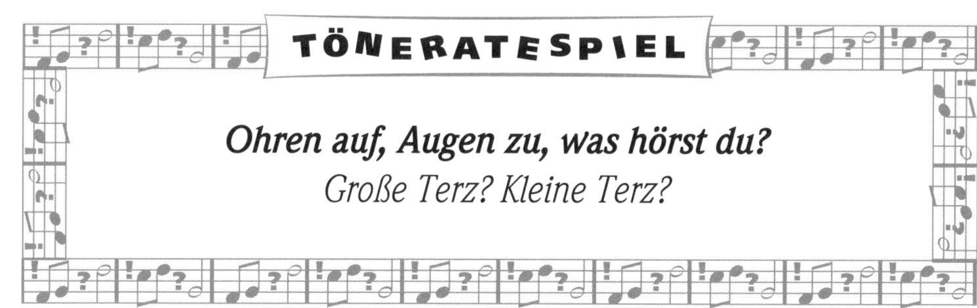

TÖNERATESPIEL

Ohren auf, Augen zu, was hörst du?
Große Terz? Kleine Terz?

Die Töne besuchen sich

Hier besuchen sich alle Töne, die du nun kennst. Am Anfang gehen sie ganz langsam, doch dann werden sie immer schneller und schneller, bis sie ganz aus der Puste sind:

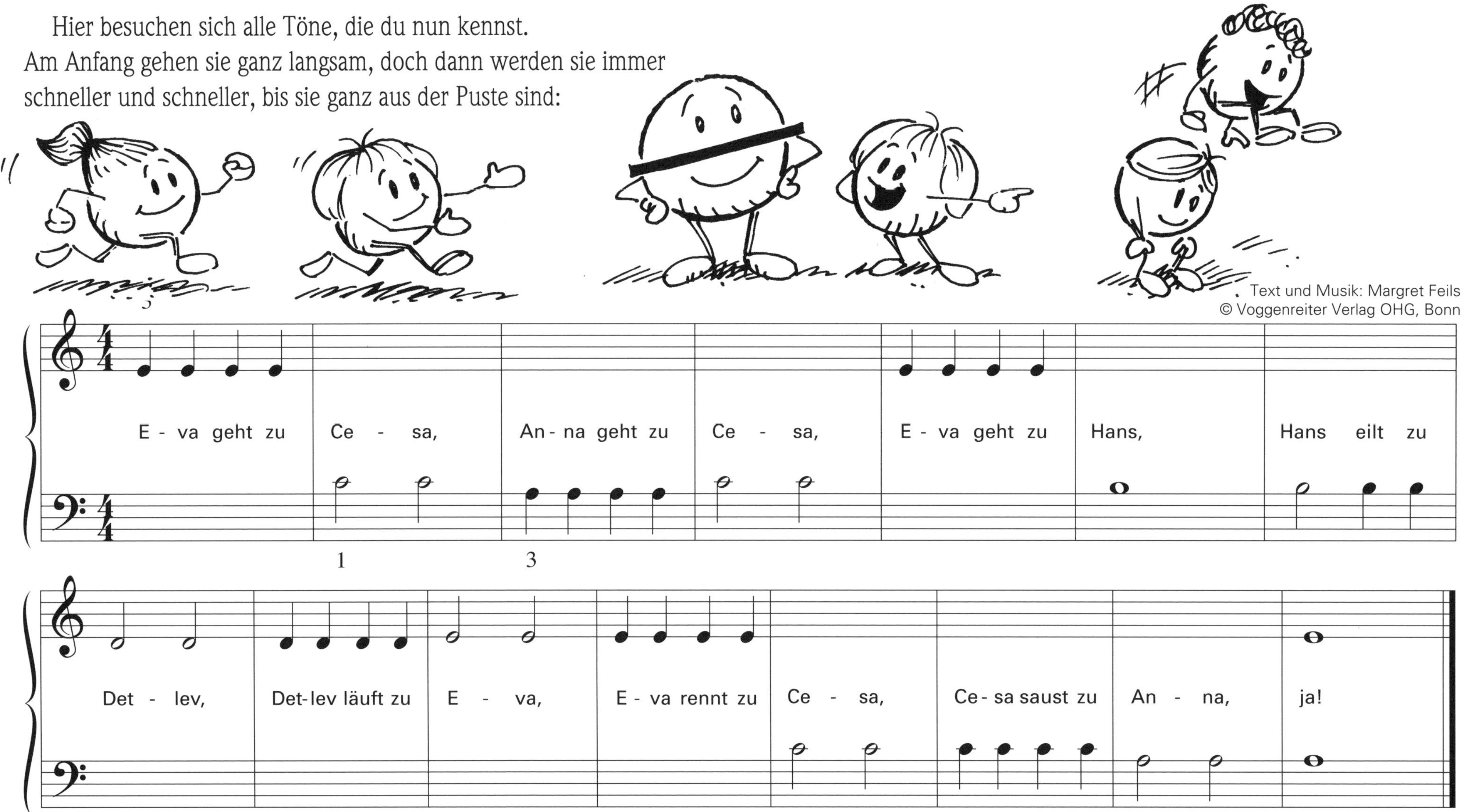

Legato, Staccato, Portato …

Resa und Lilli haben eine gute Idee: Sie wollen in die Noten einzeichnen, ob sie Staccato oder Legato spielen sollen.

„Ist doch ganz einfach, Resa. Staccato-Töne sind kurze Töne, die bekommen einen Punkt drüber oder drunter. Legato-Töne sind genau das Gegenteil, die klingen in einem durch so, als ob man sie singen und zwischendurch nicht atmen würde. Über die Noten machen wir einen Bogen. Da, wo geatmet wird, endet der Bogen."

MUSIKERSPRACHE

*Um anzuzeigen, dass **Legato** gespielt wird, zeichnen die Musiker einen **Legatobogen** in die Noten. Wenn **Staccato** gespielt werden soll, setzen sie einfach kleine Punkte unter oder über den Notenkopf. Zwischen der Legato- und Staccato-Spielweise gibt es noch das **Portato:** Der Ton erklingt länger als ein Staccato-Ton, aber es ist trotzdem eine Lücke zum nächsten Ton zu hören. Portato wird durch einen Strich über oder unter dem Notenkopf gekennzeichnet. Wenn weder Punkte noch Striche noch Bogen eingezeichnet sind, wird eigentlich immer Legato gespielt.*

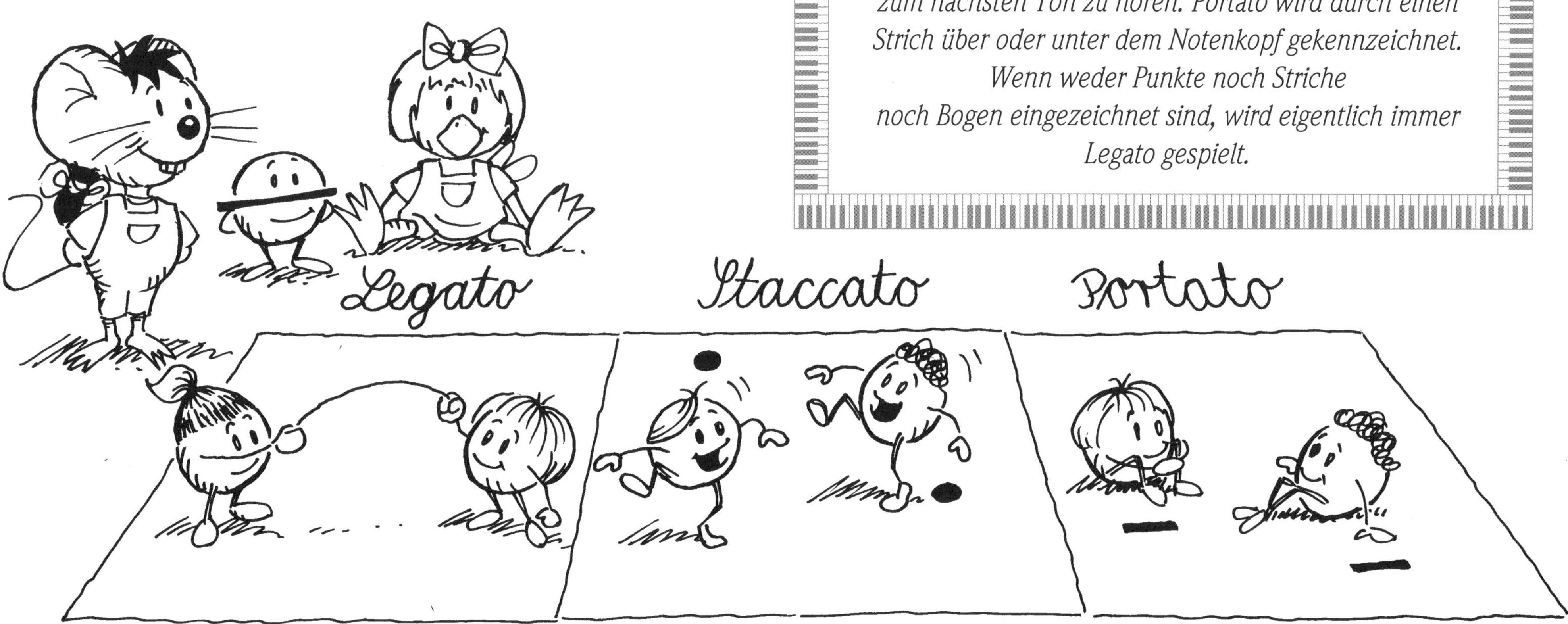

Nachdenklich

Mit den Tönen ist den beiden ein kleines Musikstück eingefallen, das ziemlich nachdenklich klingt.
Hierbei kommen zwei neue Zeichen vor:

< zeigt an, dass man immer lauter spielen soll,

> zeigt an, dass man immer leiser werden soll.

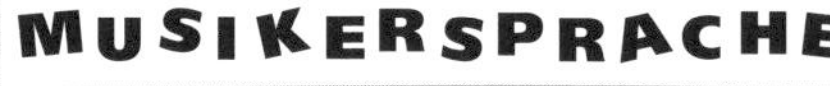

Wenn man leise beginnt und immer lauter werden soll, setzen die Musiker das Zeichen <, es heißt ***Crescendo.*** *Wenn man laut spielt und immer leiser werden soll, erscheint das Zeichen >, es heißt* ***Decrescendo.***

Kennst du noch die Zeichen für laut und leise?

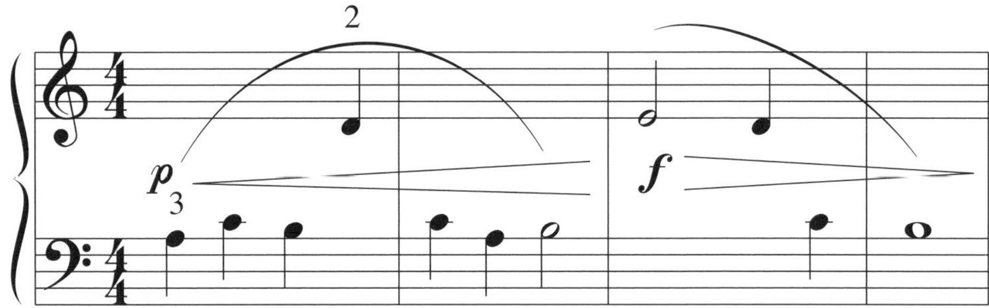

Ach ich weiß nicht, was ist los, was hab ich bloß?

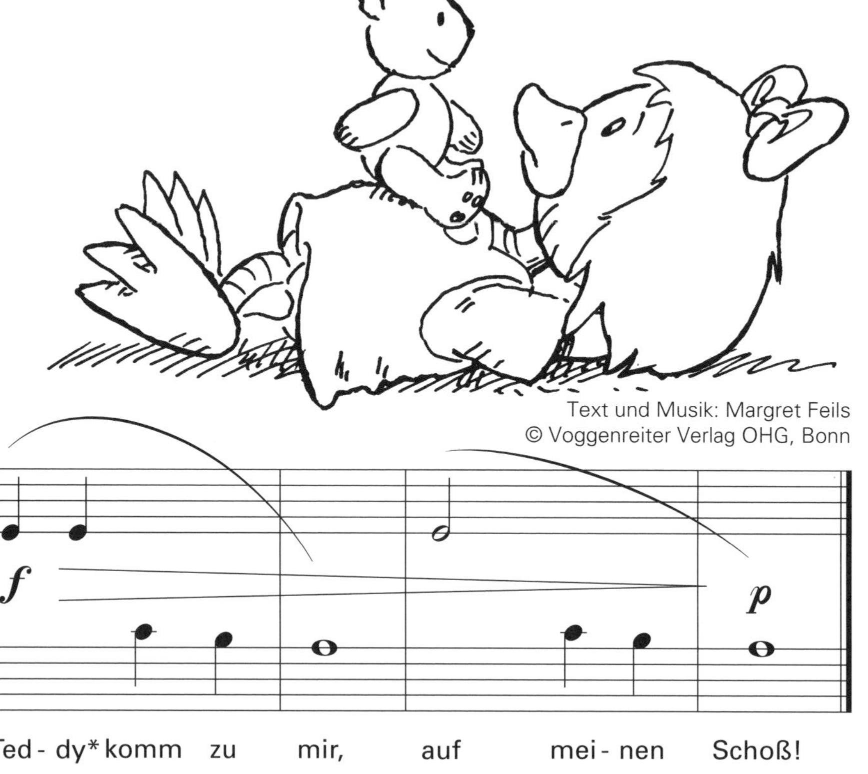

Text und Musik: Margret Feils

p f p

was hab ich bloß? Fühl mich trau - rig und al - lein, Ted - dy* komm zu mir, auf mei - nen Schoß!

**Hier kann der Name deines Lieblingskuscheltiers eingesetzt werden.*

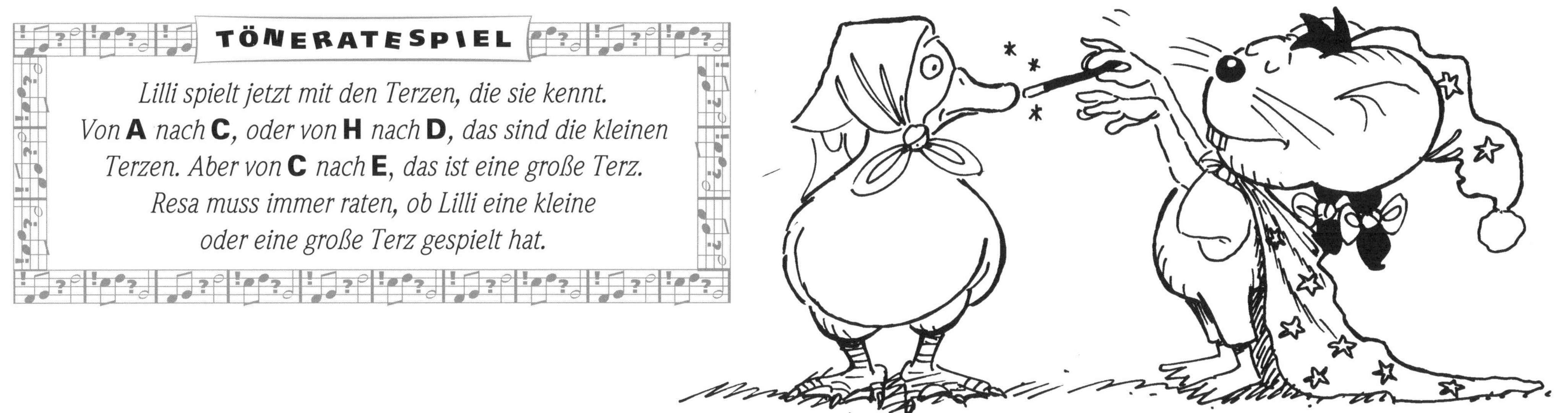

TÖNERATESPIEL

Lilli spielt jetzt mit den Terzen, die sie kennt. Von **A** *nach* **C**, *oder von* **H** *nach* **D**, *das sind die kleinen Terzen. Aber von* **C** *nach* **E**, *das ist eine große Terz. Resa muss immer raten, ob Lilli eine kleine oder eine große Terz gespielt hat.*

Notenschreibspiel

Hier malen die beiden die Terzen, die sie kennen, in Noten auf!

Das Lied „Alle meine Entchen" kennt doch jedes Kind, oder? Aber welches Kind kennt das *verzauberte* Lied von „Alle meine Entchen"?

Es beginnt mit **A ...**

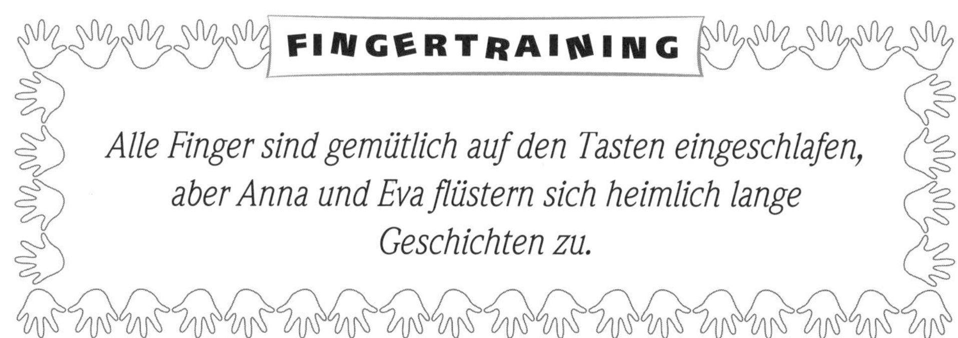

FINGERTRAINING

Alle Finger sind gemütlich auf den Tasten eingeschlafen, aber Anna und Eva flüstern sich heimlich lange Geschichten zu.

G und F kommen hinzu

Höchste Zeit, dass die 4. Finger was zu tun kriegen, und laut ruft Cesa den Fingern zu:

„Lilli, dein 4. Finger spielt mit **G**eli!

Resa, dein 4. Finger spielt mit **F**ritz!“

Und schon lässt Lilli ihr **G** eins tiefer klettern als das **A**, so dass **G** im 4. Zwischenraum wohnt; hier kann **G** sich ausruhn!

Und Resas **F**, wo kommt das hin?

Genau! In den ersten Zwischenraum, eins über dem **E**!

G C F

Die beiden sind mächtig stolz und tanzen ausgelassen miteinander.

Lilli und Resa malen die Tasten und Noten bunt an.

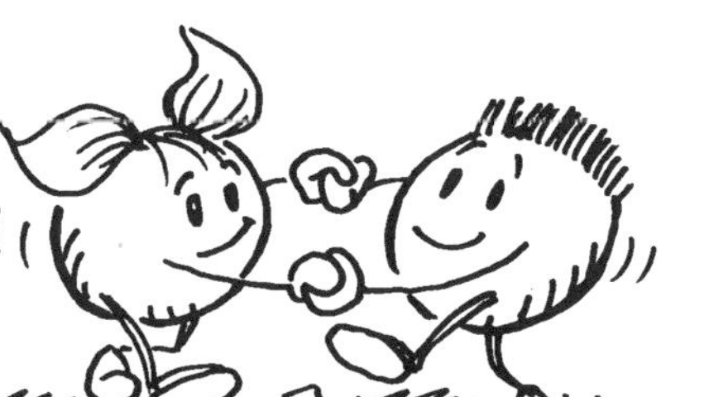
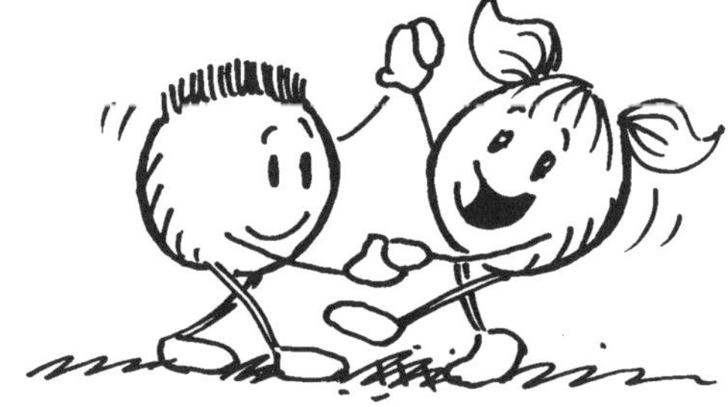
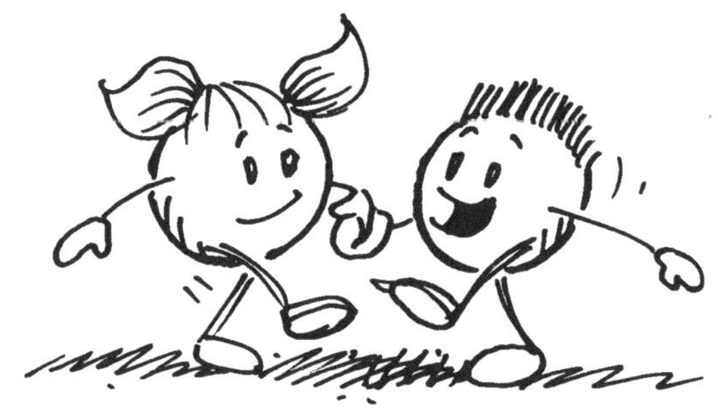
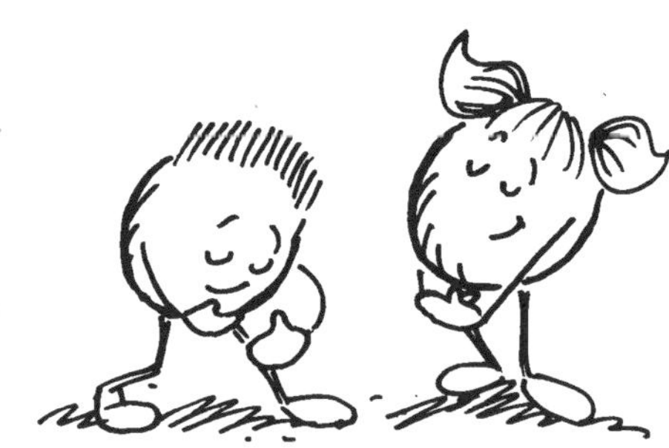

Text und Musik: Margret Feils

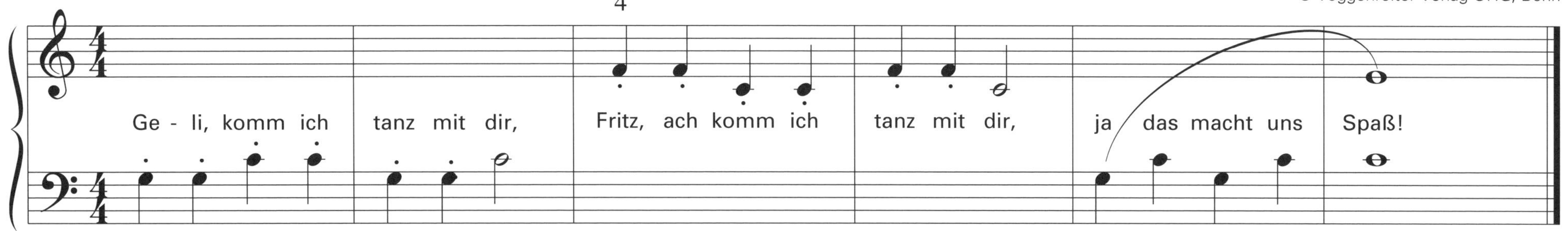

MUSIKERSPRACHE

Der Abstand vom ersten zum vierten Ton heißt **Quart.** *Quart heißt „vier". Wenn genau fünf Halbtonschritte dazwischen liegen, nennen die Musiker das eine* ***reine Quart.*** *Die Abstände von* **C** *zu* **F** *sowie von* **G** *zu* **C** *sind reine Quarten.*

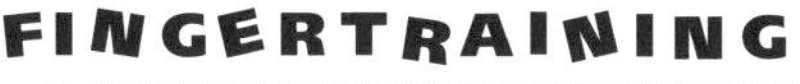

Schon wieder sind die Finger auf den weißen Tasten eingeschlafen, bis auf Geli und Fritz, die beiden sind gar nicht müde und singen sich etwas vor.

Lilli hat nachgezählt:

Es gibt ... **G**s auf dem Klavier, es gibt ... **F**s auf dem Klavier.

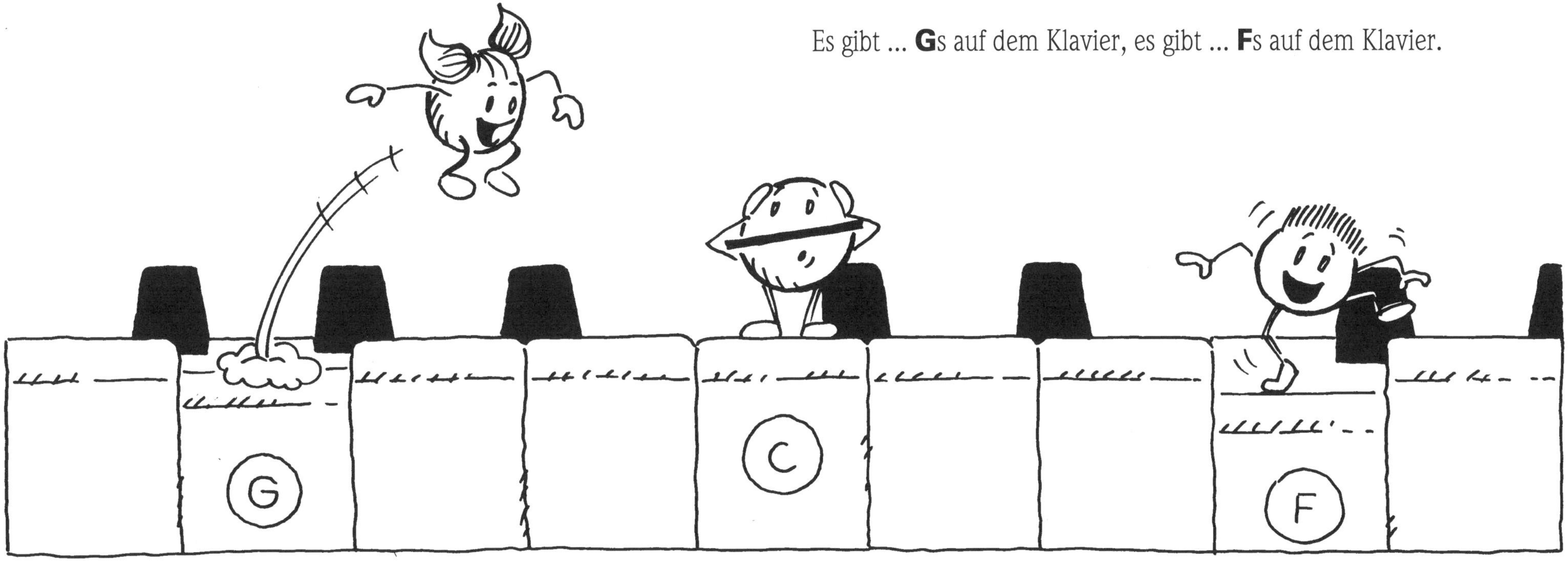

G-Schlüssel und F-Schlüssel

„Guck mal, Lilli, mein Violin-Schlüssel zeigt mir immer, wo das **G** liegt. Ich nenne ihn einfach **G**-Schlüssel!“

„Und mein Bass-Schlüssel verrät mir mit den beiden Punkten, wo das **F** liegt. Dann heißt er eben **F**-Schlüssel!“

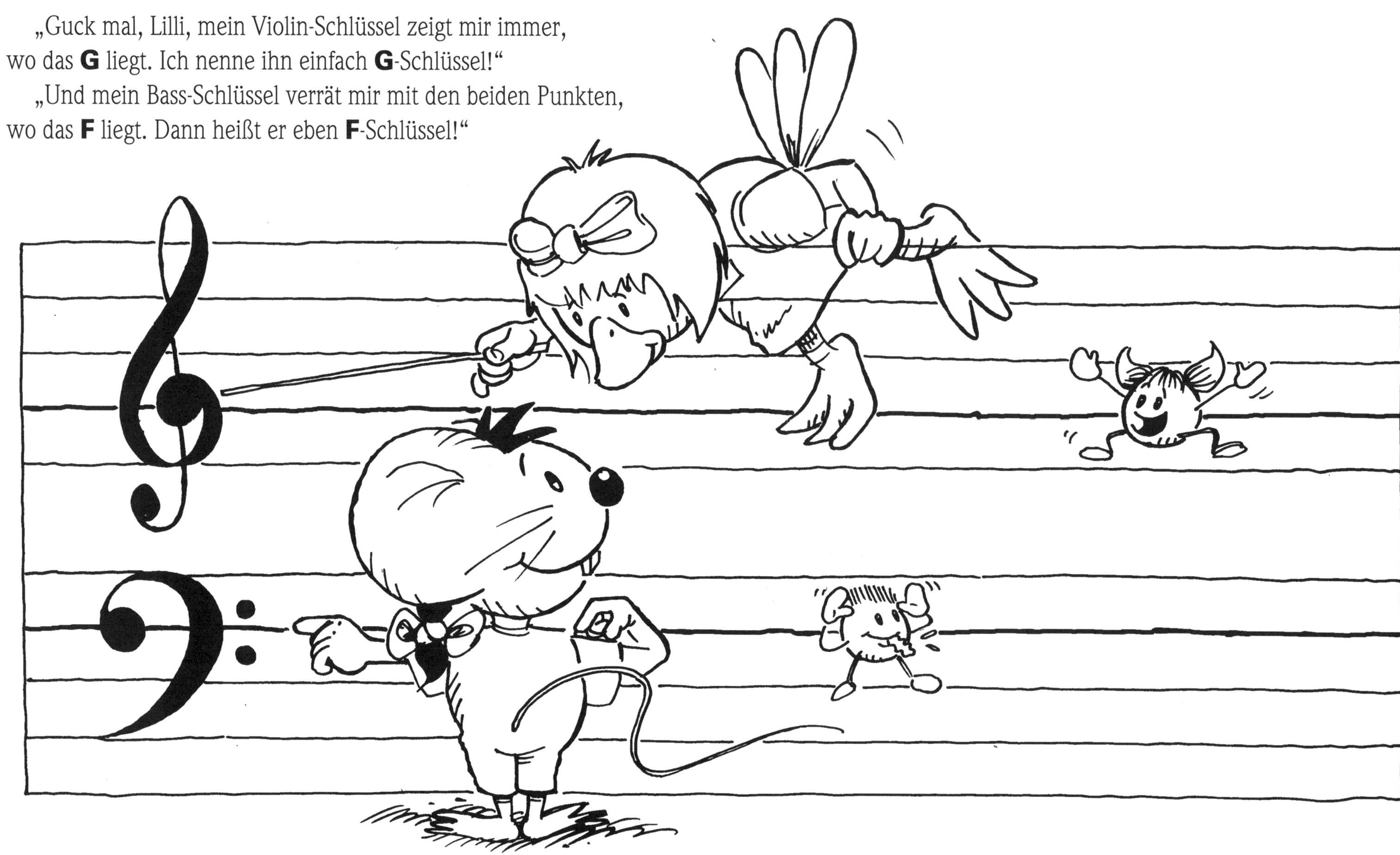

Von verliebten Tönen

„Lilli, guck mal, wie lieb die sich ansehen. Da will ich mal hören, was da los ist, machst du mit? Die Daumen bewachen wieder das **C**!"

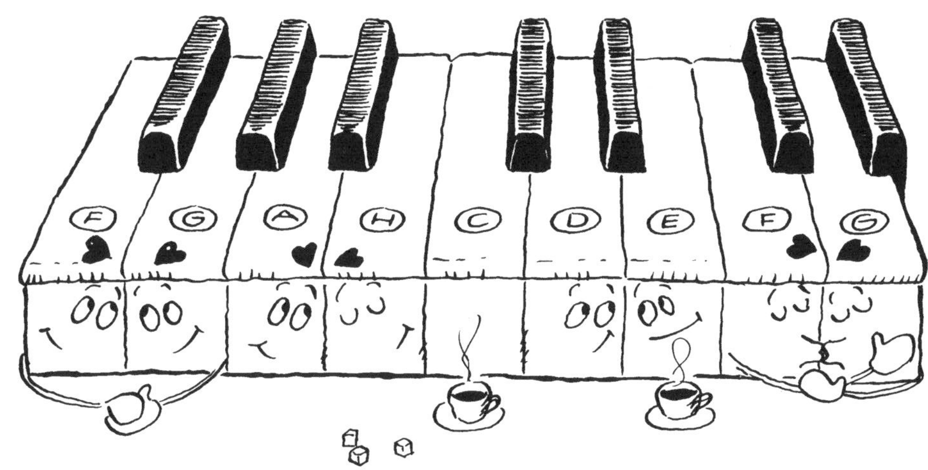

Das kleine A war so verliebt ins nachbarliche H,
doch auch das D von nebenan war nicht viel besser dran.
das D, das war verliebt ins nachbarliche E!

D und E, die beiden, können sich gut leiden,
A und H, die beiden, können sich gut leiden.

A, H, C, D, E, die trinken Tee beim E,
A, H, C, D, E, die trinken Tee beim C.

Da sagt das G zum F, wie schön, dass ich dich treff.
Da sagt das F zum G, wie schön dass ich dich seh!

Die fleißige Lilli schreibt die Noten der verliebten Nachbarn auf:

Kleiner Walzer

Der Walzer steht, wie jeder Walzer, im 3/4-Takt. Damit die letzten Töne auch wirklich den ganzen Takt über erklingen, haben sie einen Punkt hinten dran:

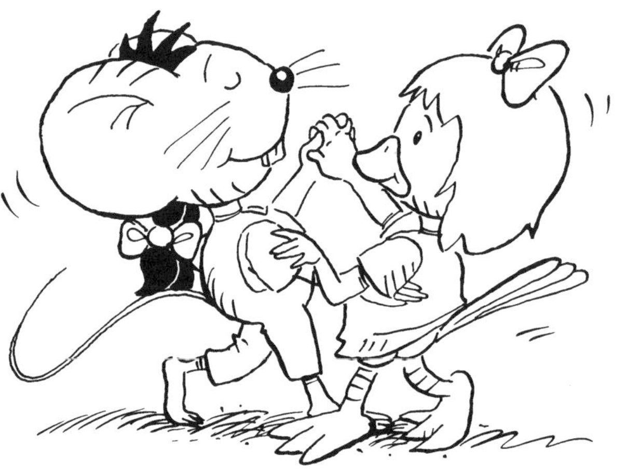

MUSIKERSPRACHE

Wenn eine Note drei Schläge erhalten soll, dann setzt man einen Punkt hinter die halbe Note. Es ist dann die ***punktierte Halbe.*** *Ein Punkt hinter einer Note schenkt dieser noch einmal die Hälfte ihres eigenen Notenwertes dazu.*

Also: 𝅗𝅥. = 𝅗𝅥 + ♩

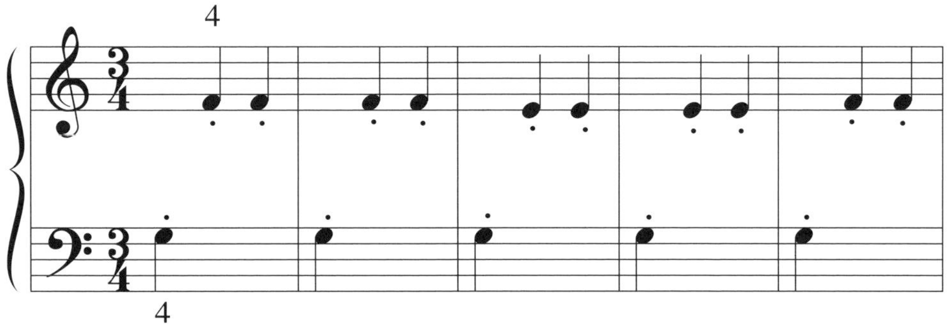

Nachlaufen-Spiel

Lilli und Resa spielen Nachlaufen: Wer ist als erste beim allertiefsten **A**? Wer ist als erste beim höchsten **H**, wer findet blitzschnell ein tiefes **G**, ein hohes **F**, ein mittleres **E**, ein …?

Text und Musik: Margret Feils

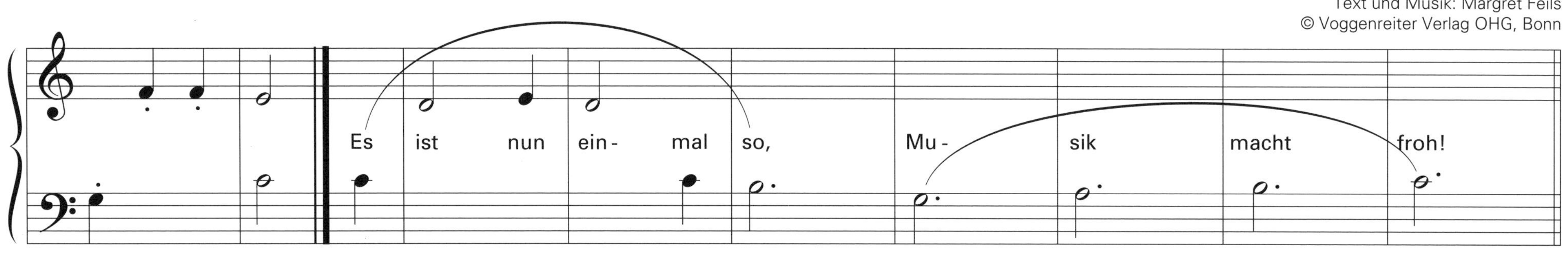

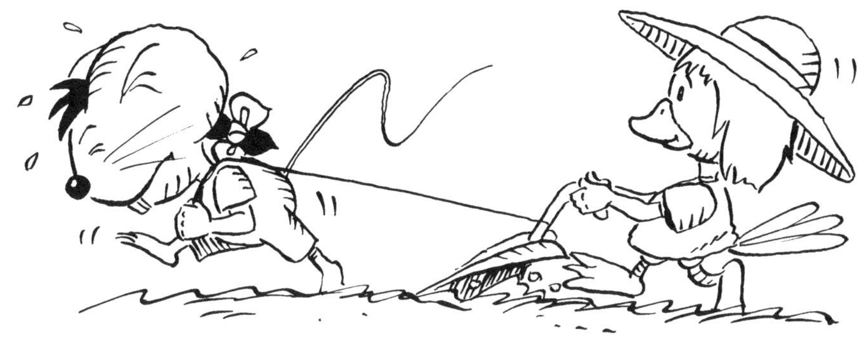

Old McDonald had a farm

Hier kommen fast alle Töne vor, die du schon kennst! (Welche fehlen denn?)

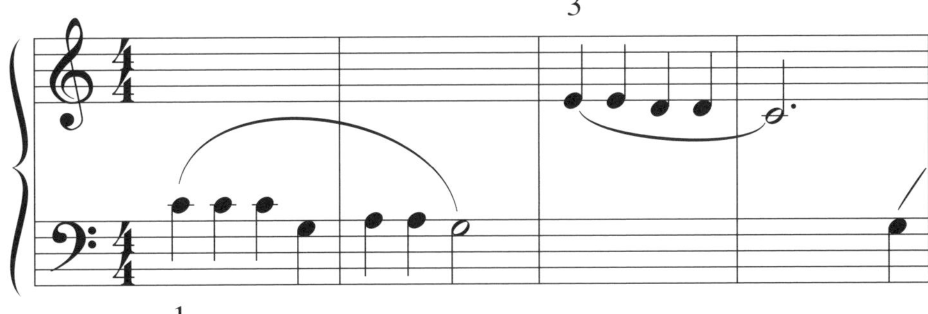

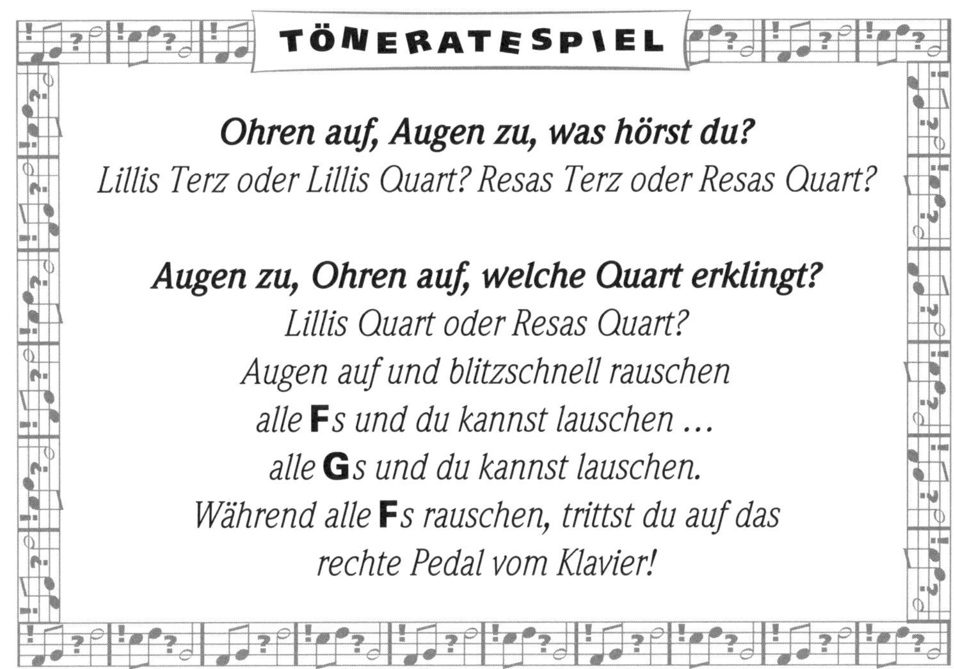

TÖNERATESPIEL

Ohren auf, Augen zu, was hörst du?

Lillis Terz oder Lillis Quart? Resas Terz oder Resas Quart?

Augen zu, Ohren auf, welche Quart erklingt?

Lillis Quart oder Resas Quart?
Augen auf und blitzschnell rauschen
alle **F***s und du kannst lauschen …*
alle **G***s und du kannst lauschen.*
Während alle **F***s rauschen, trittst du auf das*
rechte Pedal vom Klavier!

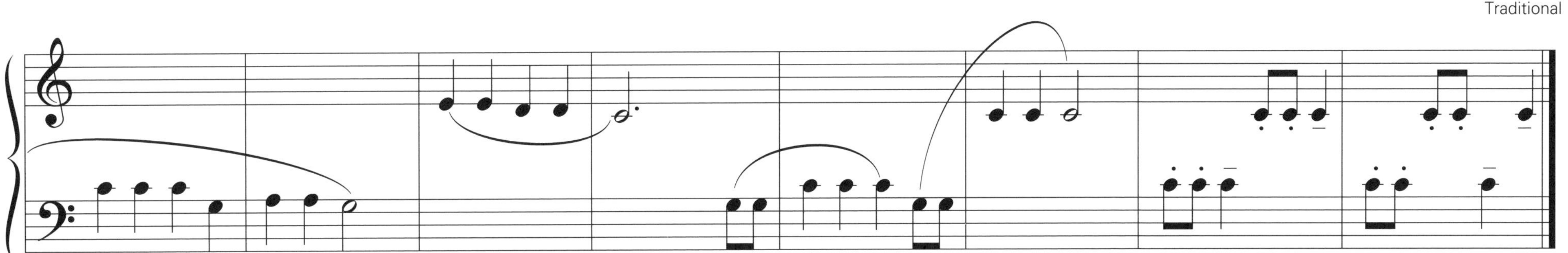

Alle Finger kriegen was zu tun

Schließlich sind die beiden müde und ruhen sich beim **C** ein wenig aus. Da entdeckt die kluge Lilli etwas Phantastisches:

„Du Resa, wir kennen ja schon alle weißen Tasten mit Namen!“

„Ja, aber was ist mit unseren 5. Fingern, die waren doch noch nicht dran!“

„Das ist es ja, guck doch mal hin: Du bekommst jetzt ein **G** und ich ein **F**, lass mal hören, wie die zusammen klingen ...“

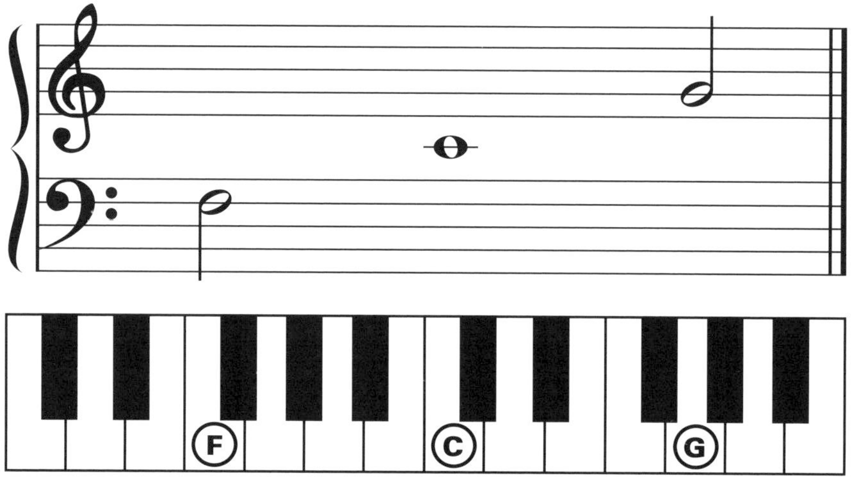

F C G

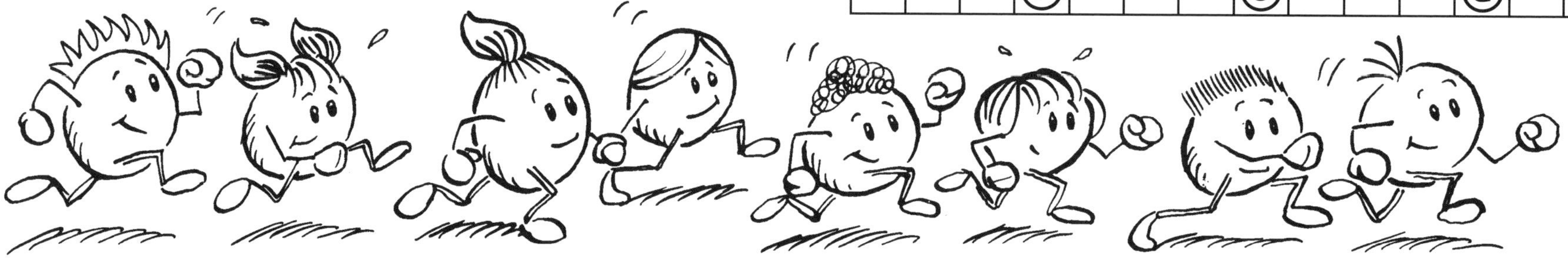

Text und Musik: Margret Feils

1 5

Wir sind da, hur - ra! Wir sind da, hur - ra! Gerd und Fred, ja Fred und Gerd, ja wir sind da, hur - ra!

5 1

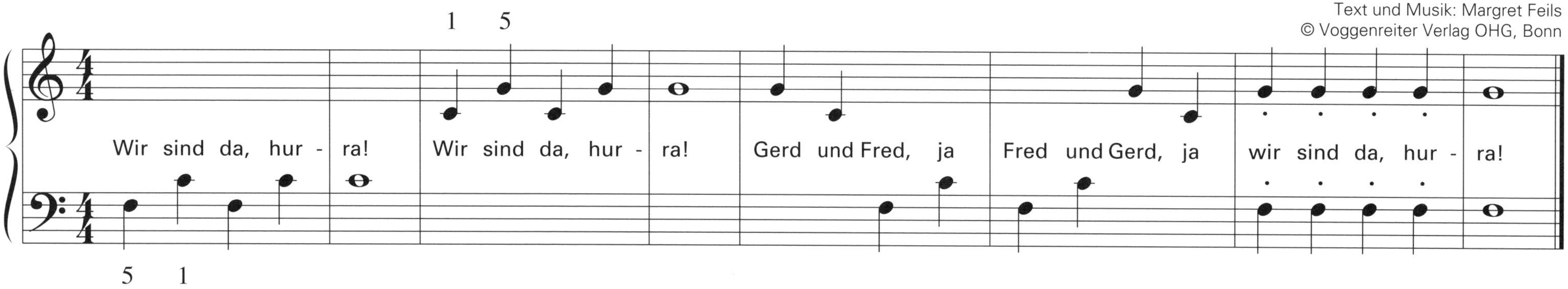

MUSIKERSPRACHE

Der Abstand vom ersten zum fünften Ton heißt **Quint.**
Das Wort Quint heißt auf deutsch „fünf".
Zwischen der ***reinen Quint*** *liegen genau*
7 Halbtonschritte.

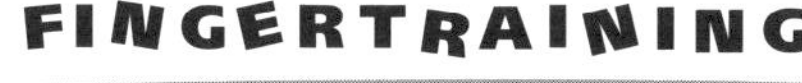

FINGERTRAINING

Jetzt schlafen alle einen friedlichen Schlaf,
aber halt, hört man da nicht ein Geflüster
zwischen Fred und Gerd?

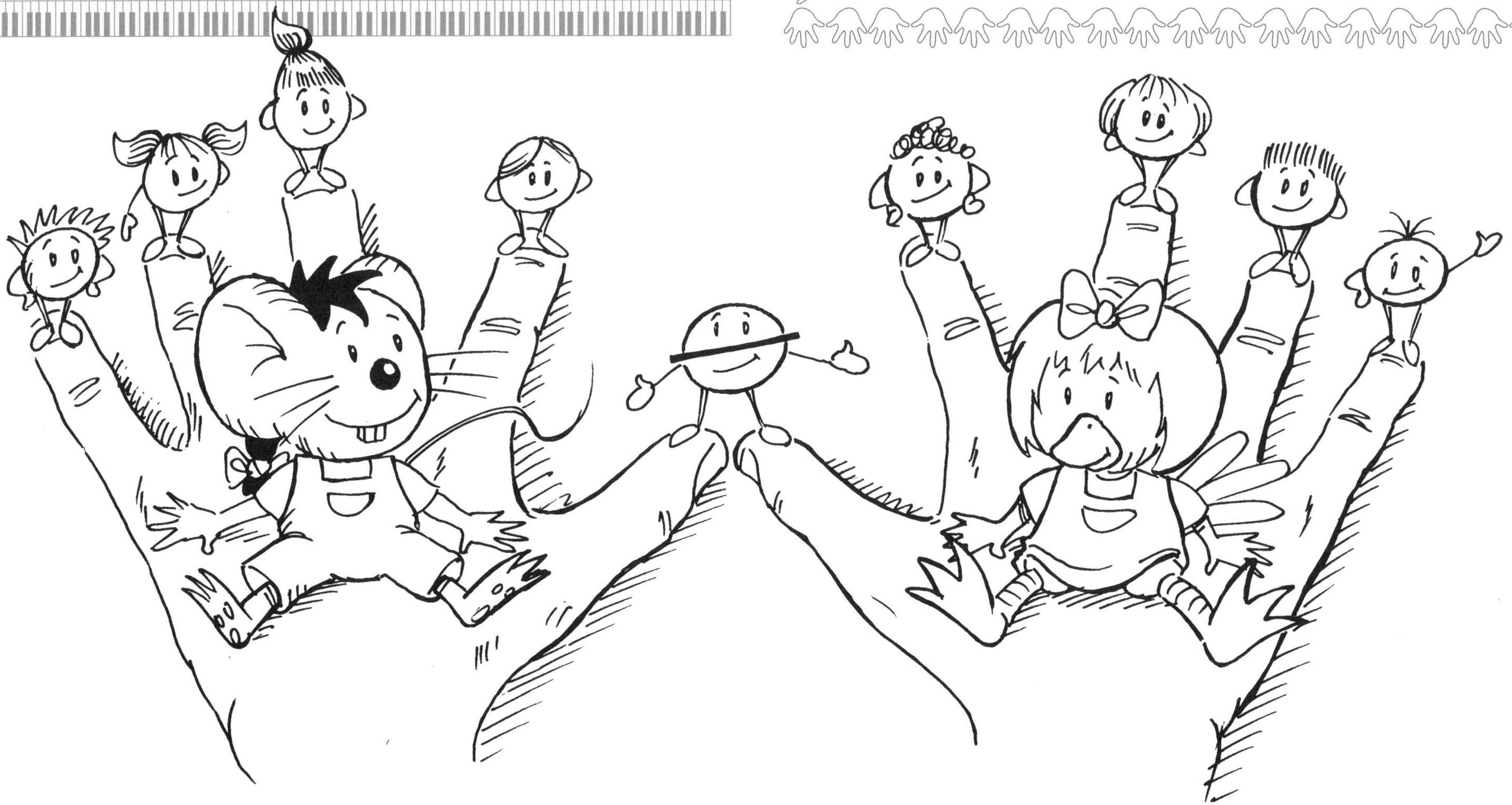

Uhren-Kanon

„Weißt du noch, wie das mit den schnellen Noten war, die so schnell waren, als würden wir laufen?“

„Na klar, das waren die Achtelnoten. Die haben entweder so lustige Fähnchen oder aber sind mit einem Balken verbunden.“

„Und wie ging das noch mal, wenn man dazu zählt?“

„Das war so: Bei Vierteln haben wir einfach ‚1, 2, 3, 4‘ gezählt und bei den Achteln haben wir ein ‚und‘ dazwischen gesetzt, also ‚1 und 2 und 3 und 4 und‘…“

Ob Resa in die Noten mal aufschreibt, wie du dazu zählen kannst?

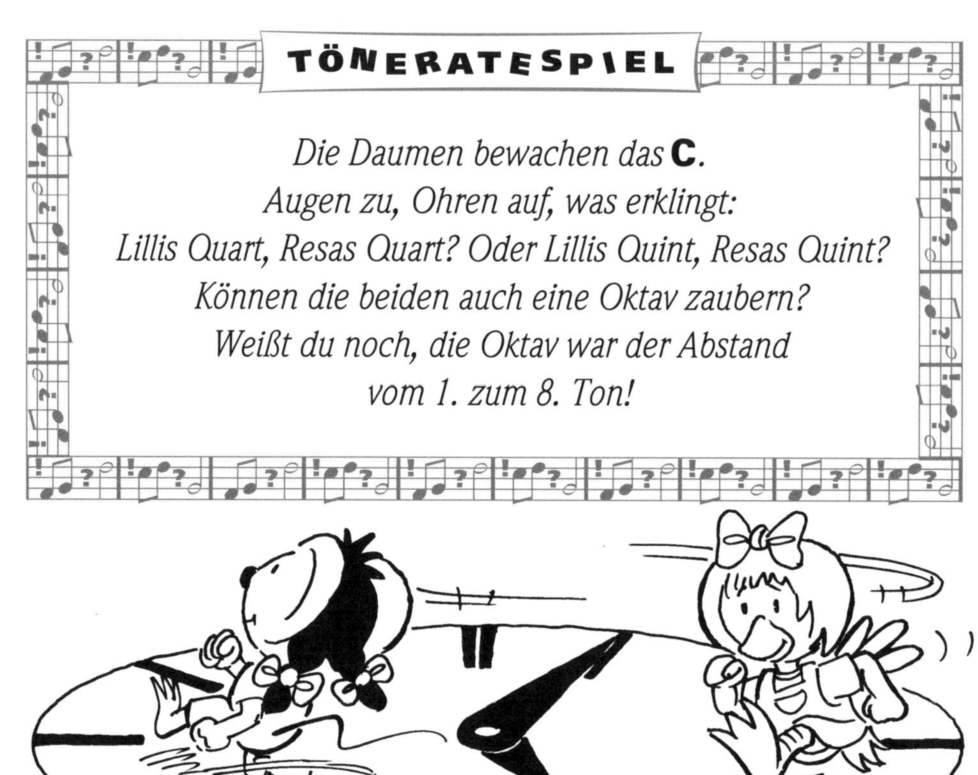

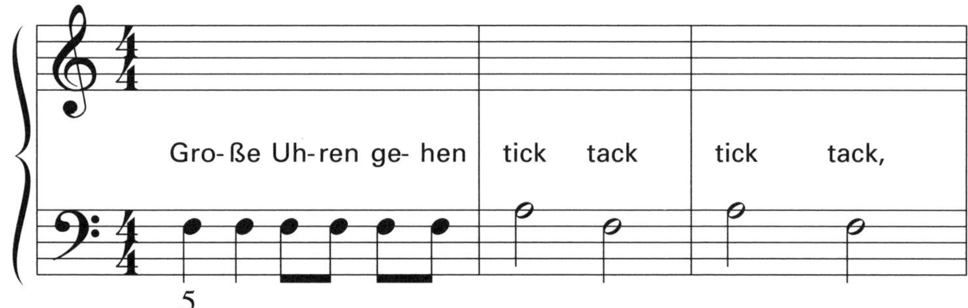

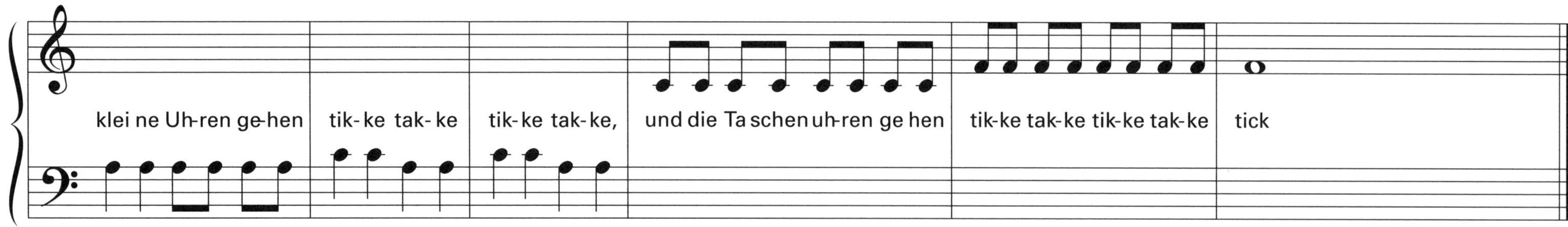

Liederraten

Erkennst du das Lied, das die beiden nun gemeinsam spielen?

Feuerwehrspiel mit Quarten und Quinten

Resa und Lilli haben herausgefunden, dass man mit den Quarten sehr schön das Feuerwehrspiel spielen kann (von dem „Lückenspiel" S. 40). Ob du herausfindest warum?

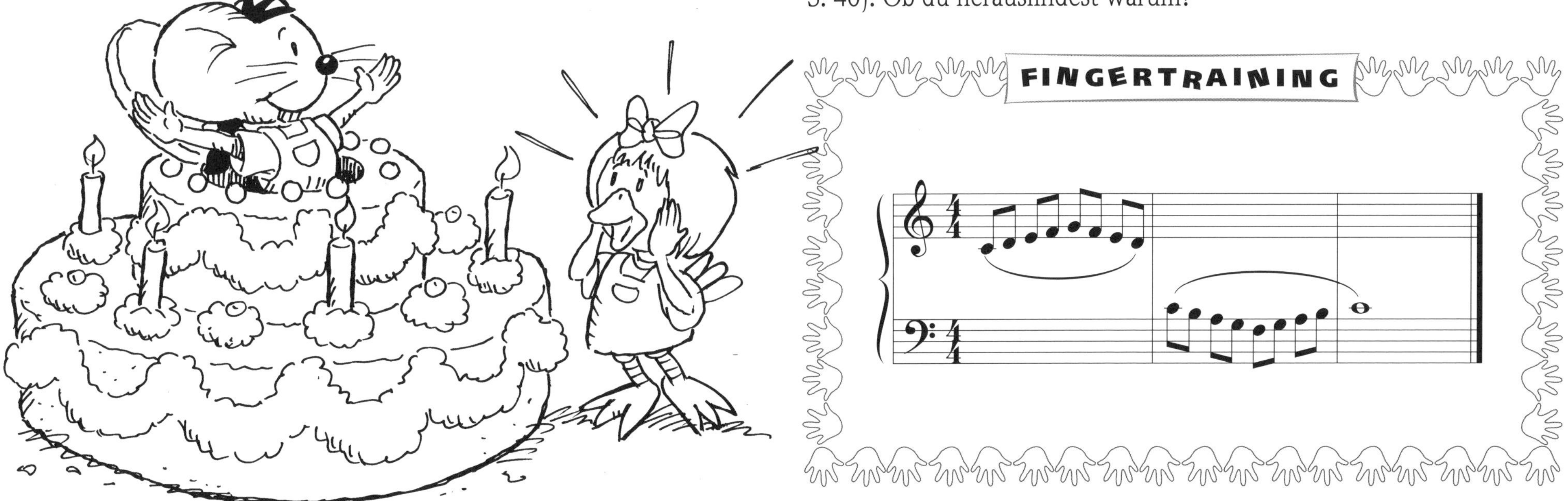

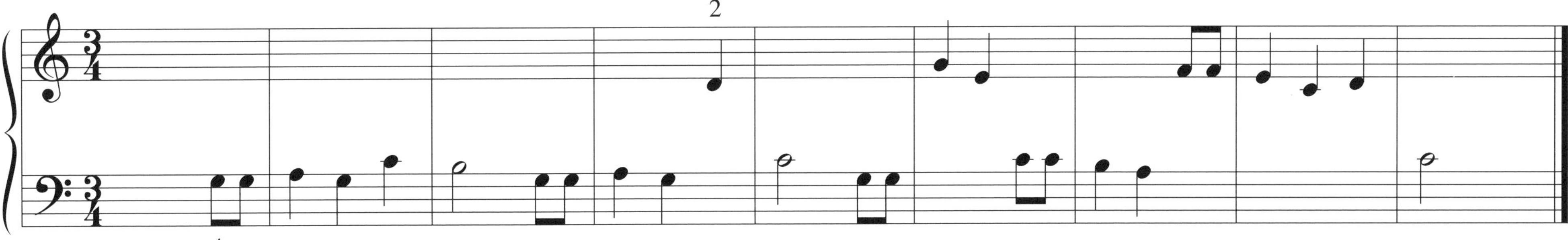

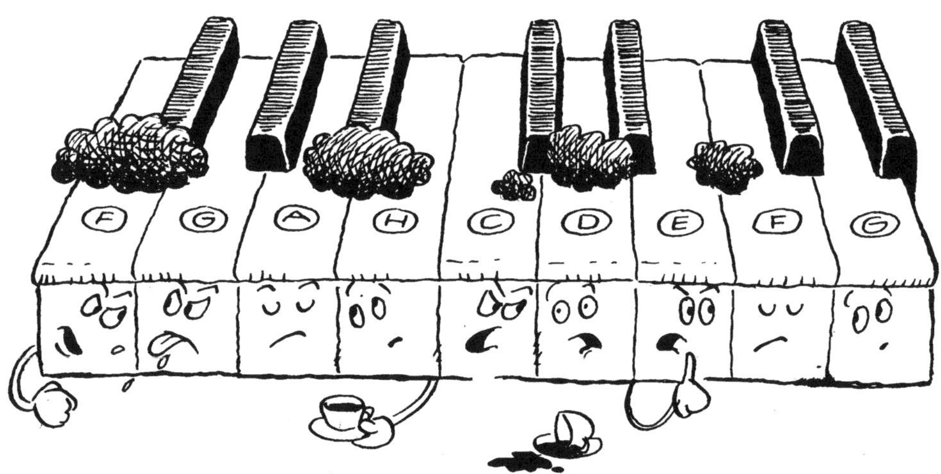

Streit der Nachbarn

„Eben waren die noch so nett zueinander, und jetzt – das sieht nach Streit aus!“

Damit das Ganze auch wirklich nach Streit klingt, spielen Lilli und Resa bei dem Wort „Streit“ alle Töne gleichzeitig. Vorher quasseln die Finger durcheinander. Die Töne, die sich dann zanken, werden auch gleichzeitig gespielt

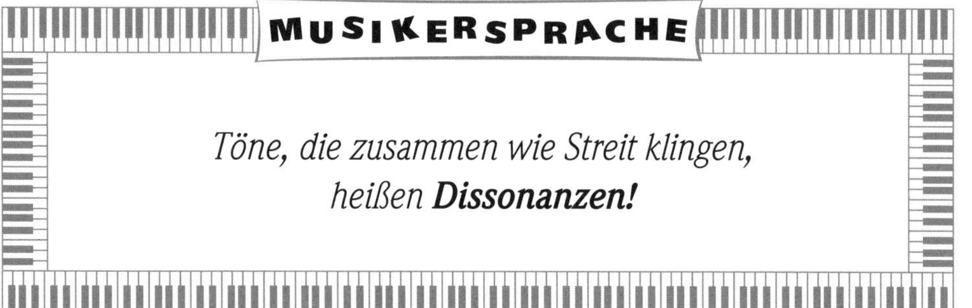

Töne, die zusammen wie Streit klingen,
heißen ***Dissonanzen!***

Die Nachbarn klönen und tratschen
und plötzlich gibt es S T R E I T :
Das kleine A ist nicht bereit,
mit H den Tee zu trinken!
Und schließlich zankt sich F mit G
und C mit D
und E mit F
und A mit H
und weh und ach,
ein R I E S E N K R A C H !

Für ganz Fleißige: Wer schreibt die Noten von den Streithähnen auf?

„Wenn man sich gestritten hat, dann ist es besonders schön, sich hinterher wieder zu vertragen, oder?“

„Genau, deswegen spielen wir jetzt das Lied von der Versöhnung!“

Versöhnung zu zweit

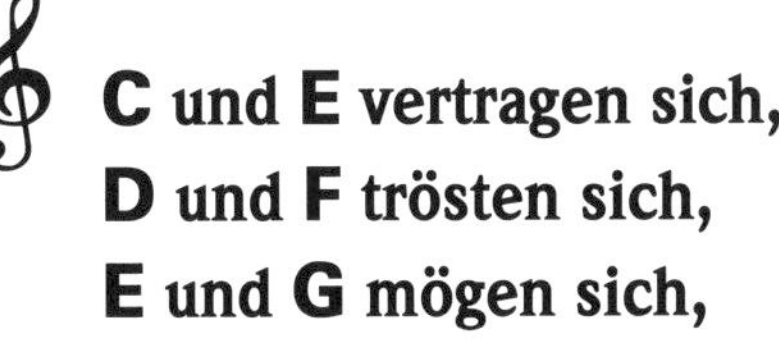

C und E vertragen sich,
D und F trösten sich,
E und G mögen sich,
F und A umarmen sich,
H und G halten sich,
A und C auch!

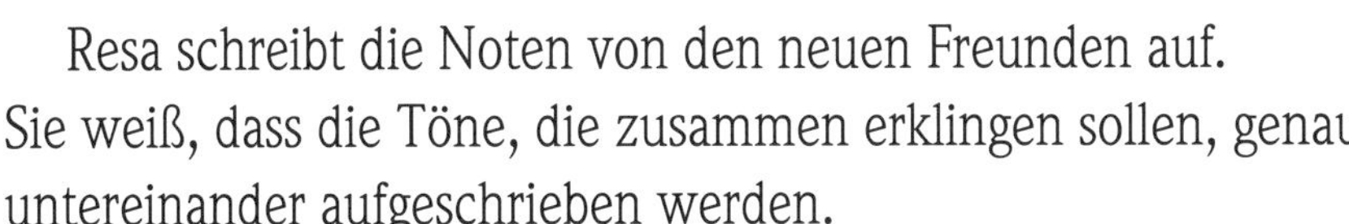

Resa schreibt die Noten von den neuen Freunden auf. Sie weiß, dass die Töne, die zusammen erklingen sollen, genau untereinander aufgeschrieben werden.

MUSIKERSPRACHE

*Töne, die so klingen, als ob sie sich gut vertragen, heißen **Konsonanzen!***

Das Scheibenwischerspiel

Lilli und Resa haben ein Namensspiel erfunden, damit sie alle Tasten benennen können: Sie fahren erst wie Scheibenwischer über die Tasten hin und her und bei „STOP“ halten sie jeweils mit dem 2. Finger auf einer Taste an. Wie heißt die Taste?

Für jeden richtigen Tastennamen gibt es einen Punkt. Wer zuerst 10 Punkte erreicht hat, hat gewonnen!

1										
2										

Notenschreibübung

Hier malt Resa aus allen Noten, die bisher vorgekommen sind, eine Notenkette. Sie beginnt bei Lillis **F** und überspringt nicht eine einzige Note. Dann fährt Resa mit dem zweiten Finger durch die Noten hin und her, und bei „STOP“ muss Lilli schnell die richtige Taste dazu spielen und den Namen sagen.

Für jede richtige Lösung gibt es einen Punkt. Wer bei 10 Runden die meisten Punkte gesammelt hat, hat gewonnen.

1										
2										

Notenauswendigaufsagewettspiel

Wer kann alle Töne vom **C** an aufwärts bis zum nächsten **C** sagen und
1. dabei auf die Tasten gucken
2. dabei *nicht* auf die Tasten gucken?

1				
2				

Wer kann alle Töne vom **C** an rückwärts sagen und
1. dabei auf die Tasten gucken
2. dabei *nicht* auf die Tasten gucken?

Für jede richtige Lösung gibt es wieder einen Punkt.

Pausen sind zum Ausruh'n da

„Resa, sag mal, was ist eigentlich, wenn eine von uns Pause hat? Ich meine, wir sollten dafür auch Zeichen finden, so dass wir genau sehen können, wer wie lange Pause hat!"

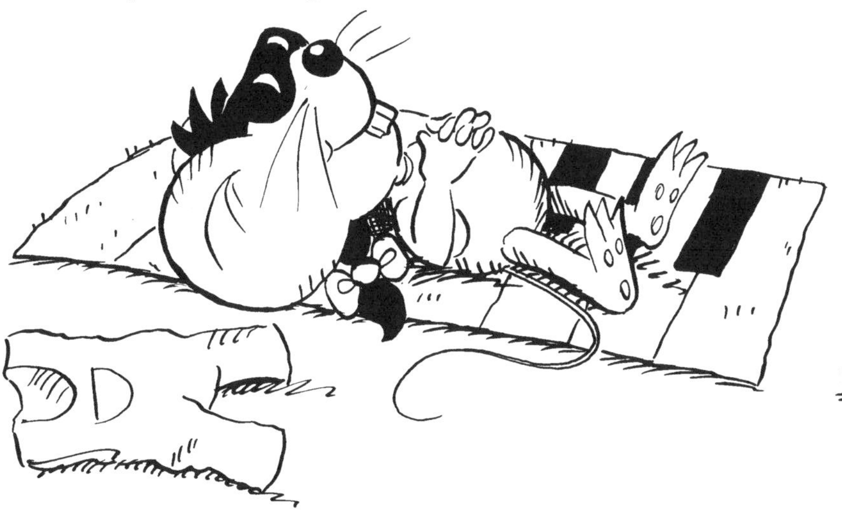

MUSIKERSPRACHE

Pausen sind zum Ausruh'n da!
Die Pausenzeichen zeigen genau an,
wie lange eine Pause dauert.

Ganze Pause =

Halbe Pause =

Viertelpause =

Achtelpause =

Resa ist so lieb und trägt für ihre Freundin Lilli die Pausenzeichen ein:

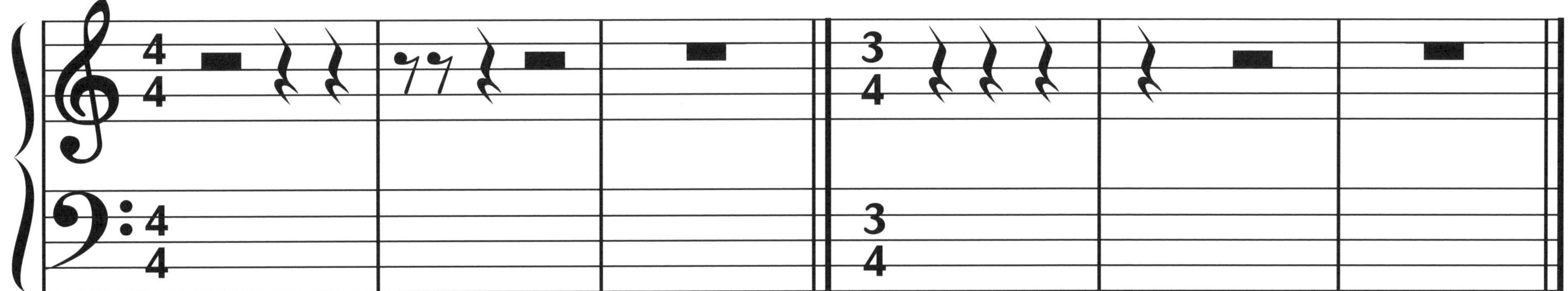

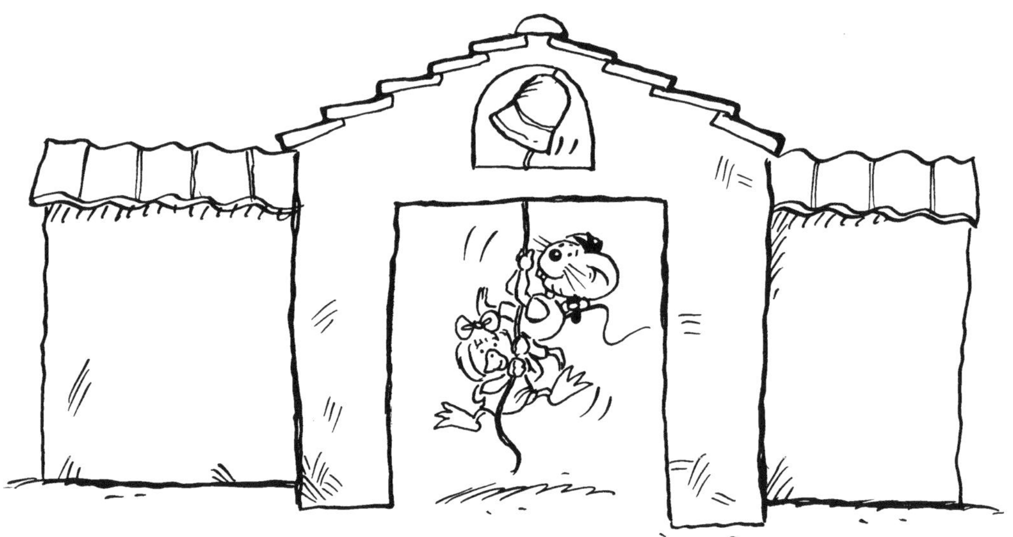

Bruder Jakob

„Mensch Lilli, ist das nicht toll, jetzt kennen wir schon alle Tasten und ganz viele Noten, bestimmt können wir damit 'ne ganze Menge Lieder spielen!"

Klar! Eines von den vielen Liedern ist jetzt dran!
Leider sind einige Pausenzeichen verlorengegangen, kannst du sie eintragen?

FINGERTRAINING

Die beiden Hände üben, ein ganz schönes Legato zu spielen. Es soll überhaupt keine Lücke zwischen den Tönen zu hören sein! Dann aber spielen sie Staccato!

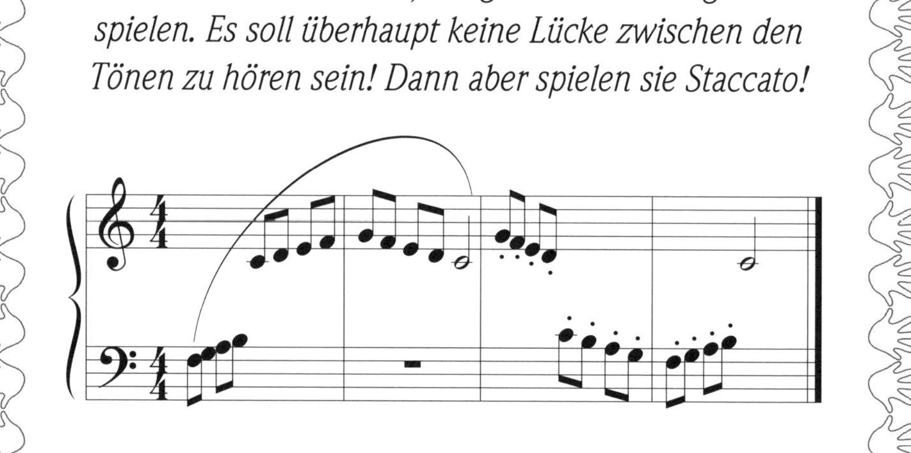

Kannst du das Lied auch ohne Noten auswendig spielen?

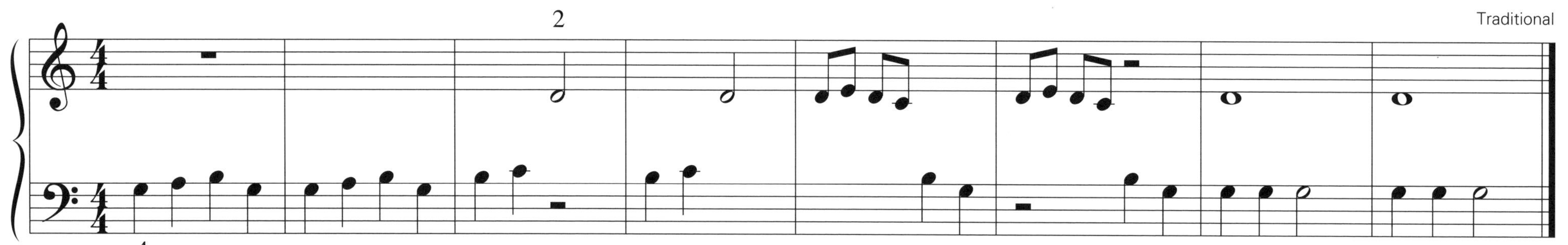

Zehn Finger wie fleißige Zwerge

Bei dem Lied von den fleißigen Fingern kommen nur Tonschritte vor (große und kleine Sekunden) bis auf eine einzige Ausnahme, findest du sie?

Resa malt ganz sorgfältig die Pausenzeichen dorthin, wo sie nichts zu tun hat!

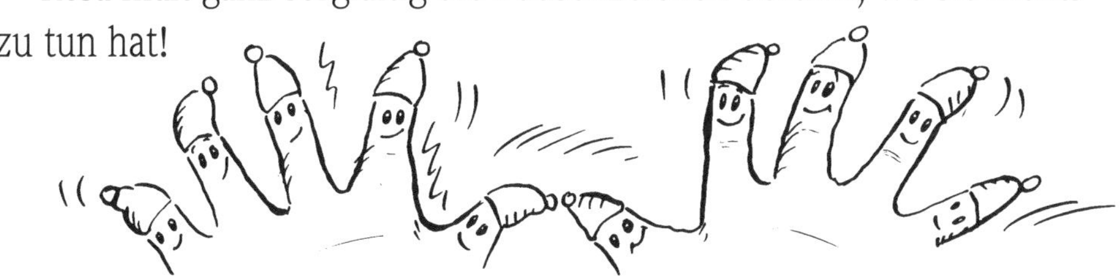

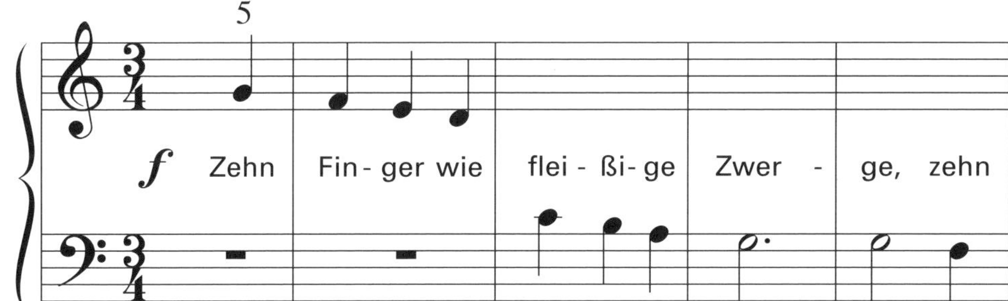

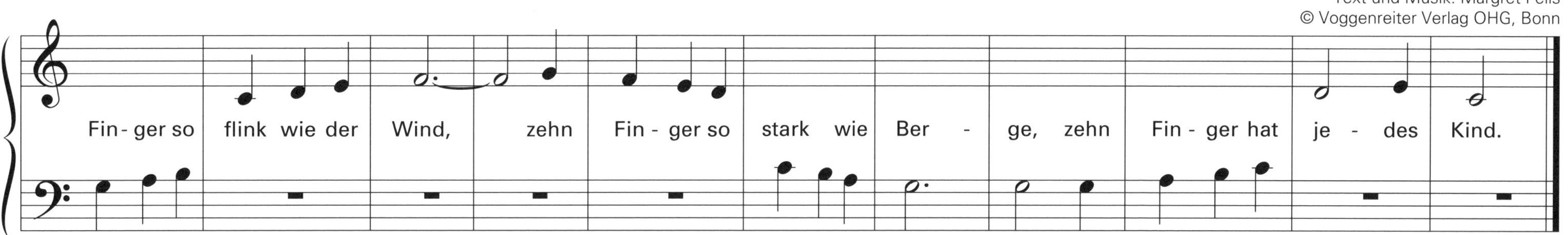

Text und Musik: Margret Feils

Der Haltebogen

Resa und Lilli haben sich noch etwas ausgedacht:
Resa wollte unbedingt einen Ton spielen, der länger erklingt als der Takt lang ist. Da hat Lilli ihr vorgeschlagen, die Note doch über den Taktstrich hinweg mit einem kleinen Seil anzubinden. Das ist jetzt der Haltebogen, er hält die Note über den Taktstrich hinweg an!

MUSIKERSPRACHE

Wenn ein Ton länger erklingen soll, als ein Takt es ermöglicht, dann überbindet man ihn mit einem ***Haltebogen.*** *Das geht natürlich nur, wenn im nächsten Takt der gleiche Ton steht!*

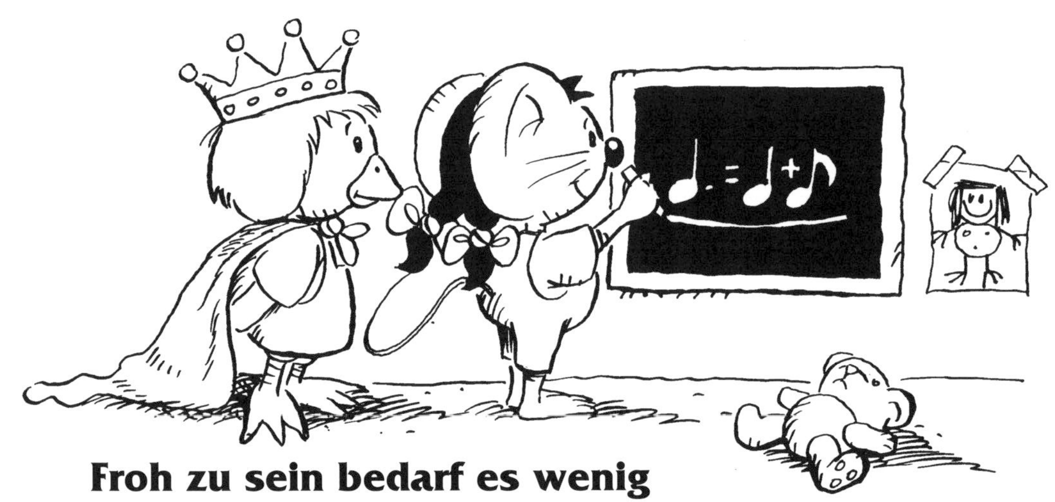

Froh zu sein bedarf es wenig

„Schau mal Lilli, hier wechseln sich die Terzen mit den Sekunden aber ganz schön ab. Komm, wir zeichnen da, wo Terzen sind, kleine Sternchen zwischen die Noten!"

„Sag mal Resa, wenn man halbe Noten punktieren kann, dann geht das mit anderen Notenwerten doch bestimmt auch, oder?"

„Na klar, der Punkt hinter der Note schenkt ihr nochmal ihre eigene Hälfte dazu! Bei einer punktierten Viertelnote kommen also genau drei Achtel zusammen."

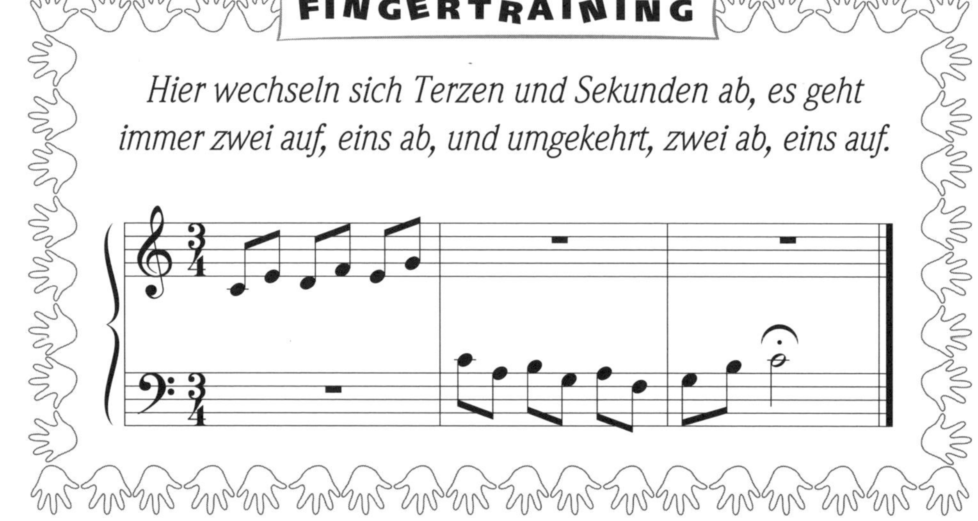

Rechenaufgabe

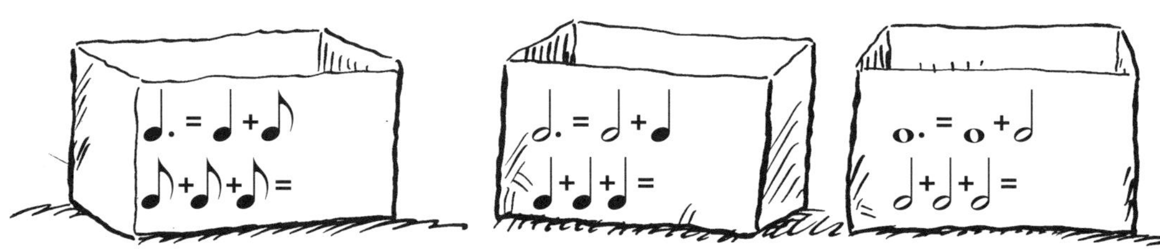

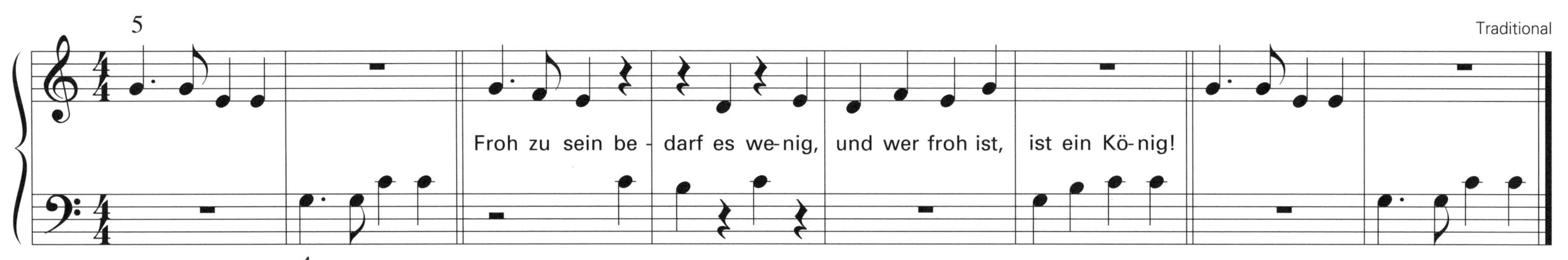

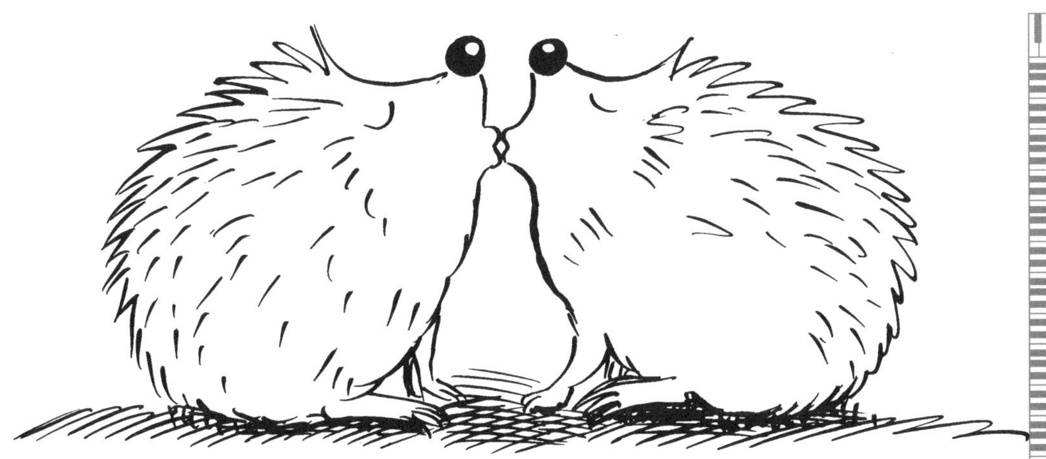

Musikersprache

Um anzuzeigen, wie laut oder leise gespielt werden soll, gibt es verschiedene Zeichen, ***piano*** *und* ***forte*** *sind die wichtigsten. Soll man aber etwas lauter als* ***piano*** *spielen, dann schreiben die Musiker einfach die Buchstaben* ***mp*** *in die Noten. (das* ***m*** *kommt von dem Wort* ***mezzo*** *und heißt „mittel“) Genau übersetzt heißt es also „mittel-leise“. Soll man nicht ganz so laut spielen wie* ***forte,*** *schreibt man* ***mf.*** *Sehr leises Spiel wird durch* ***pp*** *angezeigt, das heißt* ***pianissimo,*** *und sehr lautes Spiel wird durch* ***ff*** *angezeigt, das heißt* ***fortissimo.***

Wenn Igel Igel küssen

„Guck mal, Resa, die Melodie hier geht mit Terzen immer bergauf, bergab kommen dann mehr Sekunden vor. Hier malen wir mal Sternchen in die Tonabstände, die keine Terzen oder Sekunden sind.“

Damit das Ganze schön klingt, fangen die beiden leise an, werden lauter und dann wieder leiser.

Text und Musik: Johannes Kuhnen

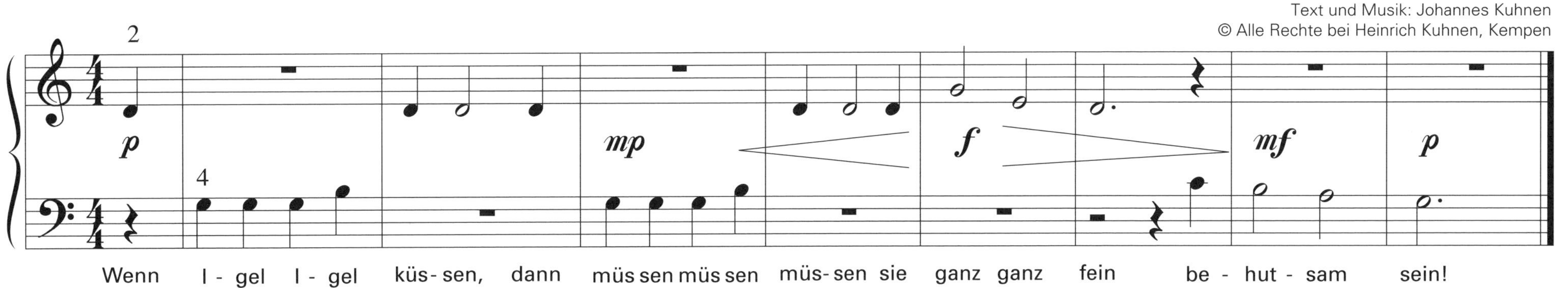

Wolkenbilder

„Ach du liebe Güte, hier kommen ja in jedem Takt Tonsprünge vor, eine Terz nach der anderen, wie sich das wohl anhört?"

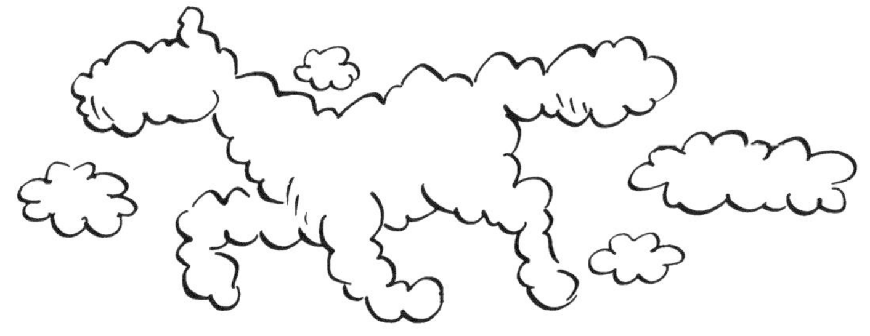

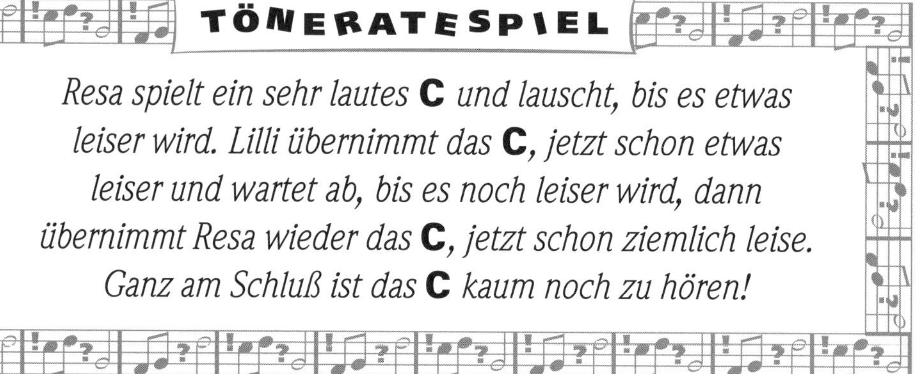

TÖNERATESPIEL

Resa spielt ein sehr lautes **C** *und lauscht, bis es etwas leiser wird. Lilli übernimmt das* **C***, jetzt schon etwas leiser und wartet ab, bis es noch leiser wird, dann übernimmt Resa wieder das* **C***, jetzt schon ziemlich leise. Ganz am Schluß ist das* **C** *kaum noch zu hören!*

Text und Musik: Margret Feils

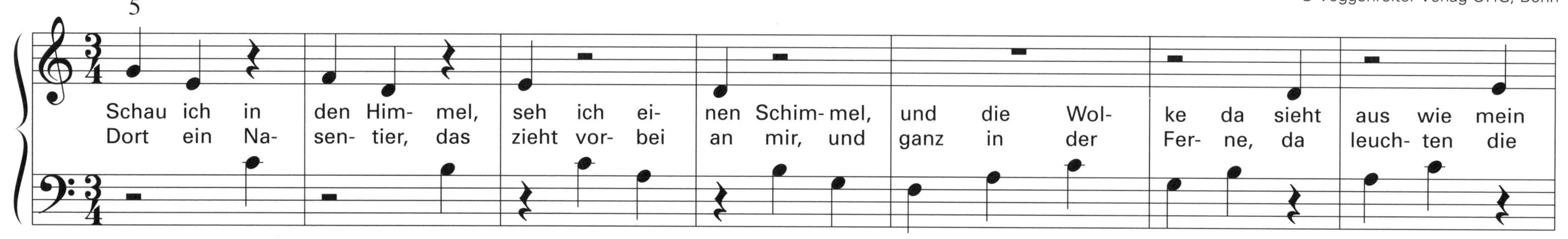

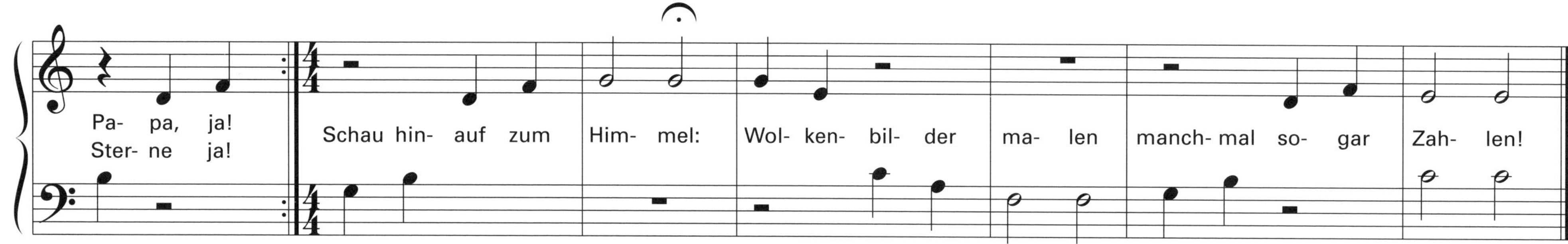

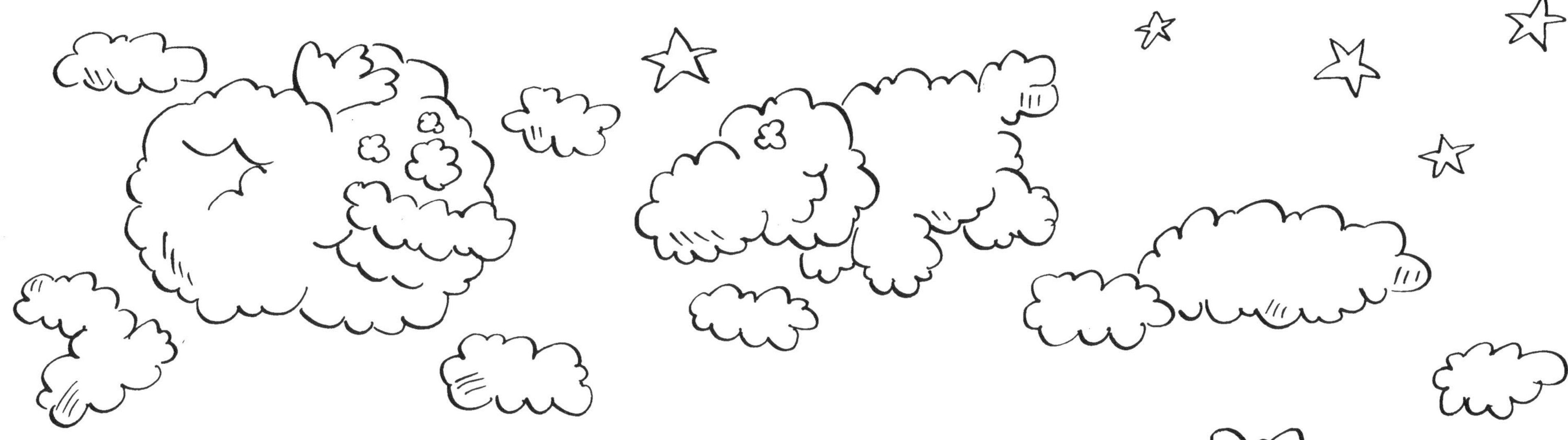

MUSIKERSPRACHE

*Wenn man einen bestimmten Teil einer Melodie wiederholen soll, werden die **Wiederholungszeichen** gesetzt. Zwei Pünktchen mit einem doppelten Strich zeigen an, dass man wieder von vorne beginnen soll:*

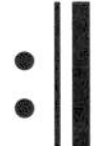

*Wenn man auf einem Ton ein Weilchen ausruhen soll, dann steht über der Note das Zeichen **Fermate.***

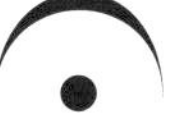

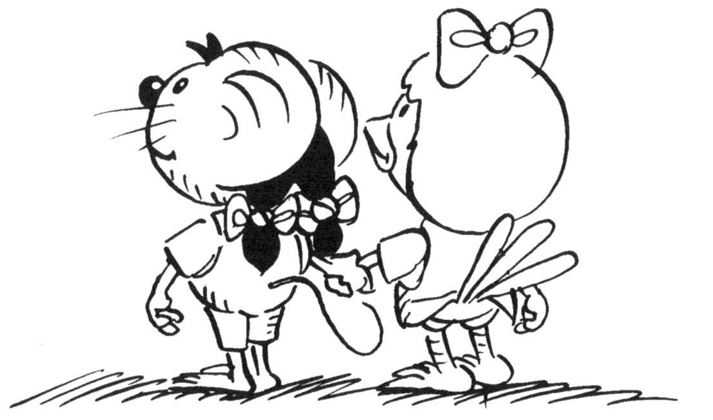

FINGERTRAINING

Lilli und Resa spielen über die gesamte Tastatur nur Terzen, sie lösen sich dabei schön ab, und es darf nie eine Lücke zu hören sein. Sie beginnen unten, beim tiefsten **C**.

Wir werden immer größer

Hier sind leider ein paar Taktstriche verlorengegangen, und einige Pausenzeichen fehlen auch, deshalb hat Resa jetzt einiges zu tun.

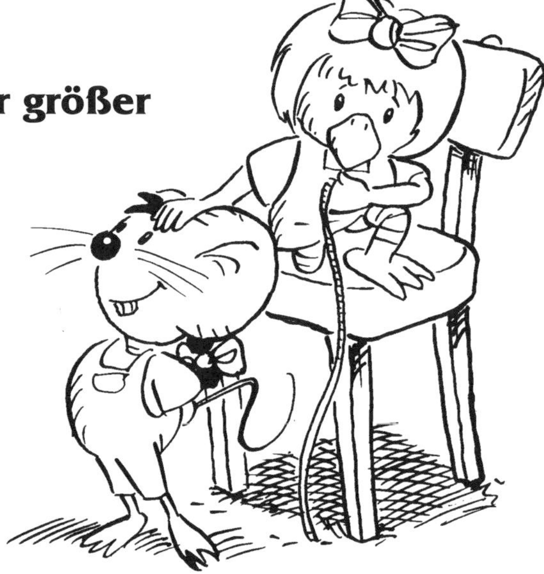

MUSIKERSPRACHE

Wenn mehrere Töne zusammen eine Gruppe bilden, dann kann dies durch einen ***Phrasierungsbogen*** *angezeigt werden. Der Bogen sieht genauso aus wie der Legatobogen, er fasst jeweils eine* ***Phrase*** *zusammen. Eine Phrase in der Musik ist so etwas wie in der Sprache ein Satz. Der letzte Ton einer Phrase ist meistens leiser und leichter.*

Text: Volker Ludwig, Musik: Birger Heymann
GRIPS Liederbuch, Alexander Verlag Berlin 1999

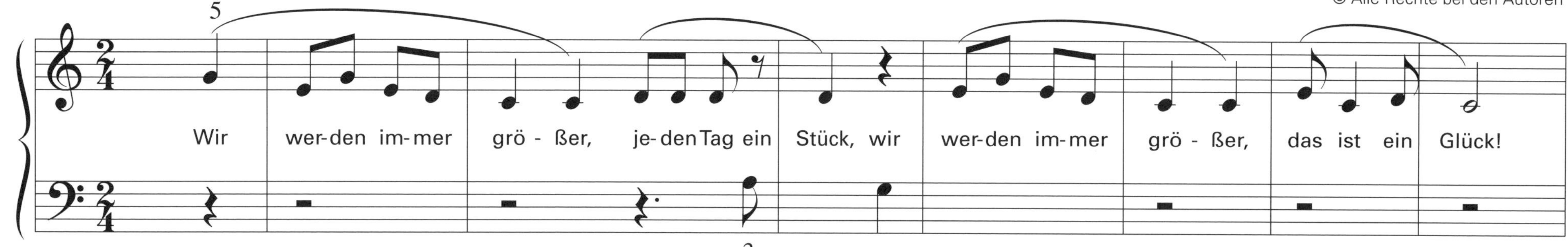

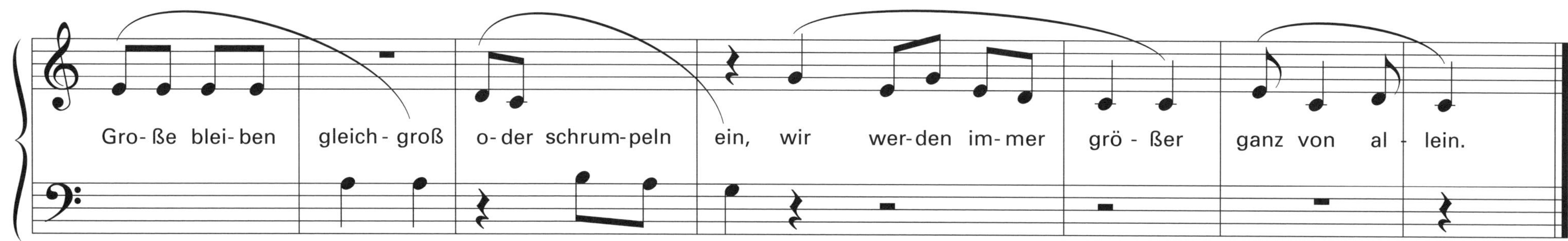

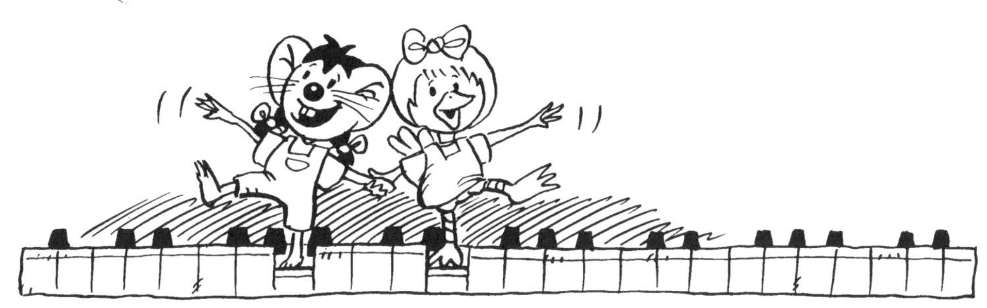

Was ich alles kann

MUSIKERSPRACHE

Wenn nur zwei Töne durch einen Bogen verbunden werden, ist der erste Ton betont und laut, der zweite Ton unbetont und fast wie ein Staccato-Ton.

Lilli und Resa freuen sich riesig, sie haben entdeckt, wie schön es klingen kann, wenn sie gleichzeitig zusammenspielen. Immer wenn Noten genau über- oder untereinander stehen, werden sie gleichzeitig gespielt.

Text und Musik: Margret Feils

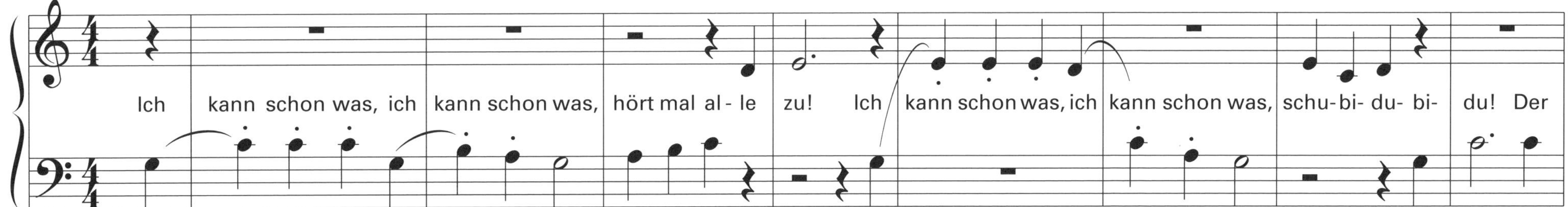

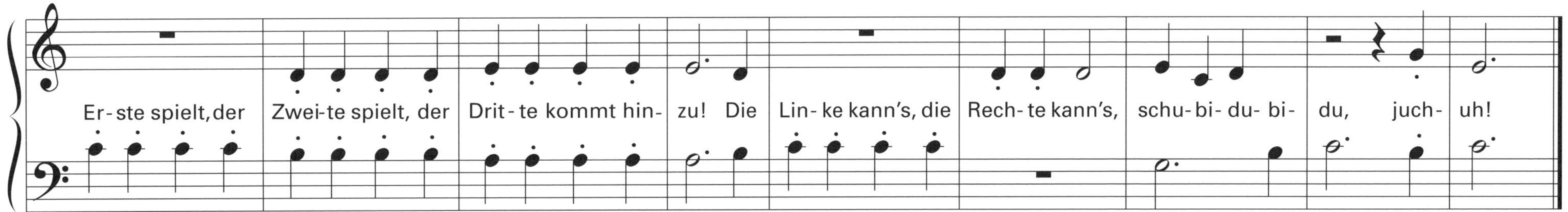

FINGERTRAINING

Hier wird geübt, gleichzeitig zu spielen, dabei bleiben die Daumen die ganze Zeit über auf dem **C** *liegen, die anderen Finger spielen dazu ihre Töne im Staccato. Achtung: Nur die Finger, die dran sind, dürfen sich bewegen, während die anderen still an den Tasten liegen.*

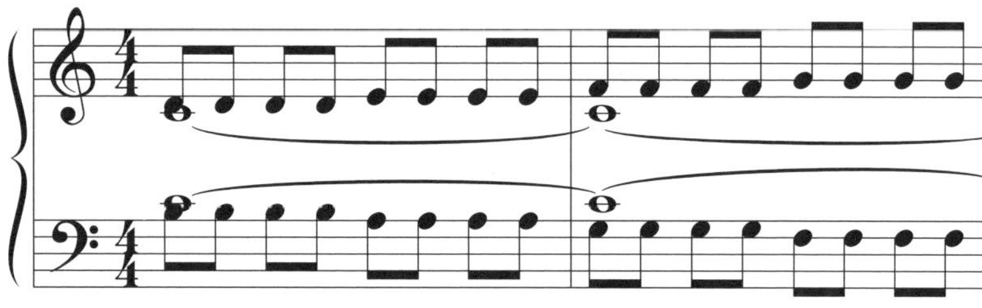

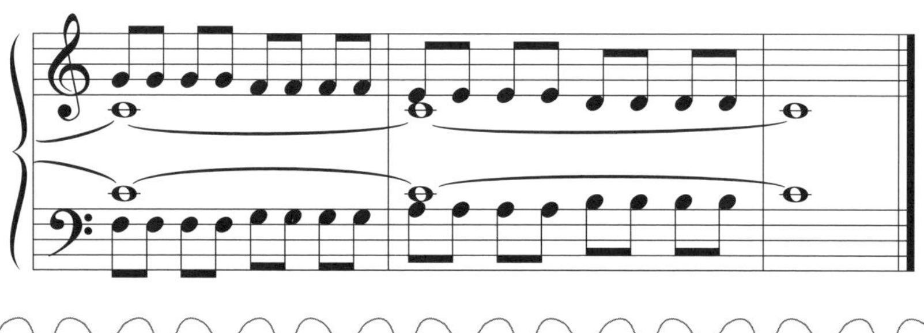

Zwei neue Töne kommen hinzu

Lilli und Resa werden immer mutiger. Resas 5. Finger wandert hinauf zum **A** und Lillis 5. Finger wandert hinab zum **E**.

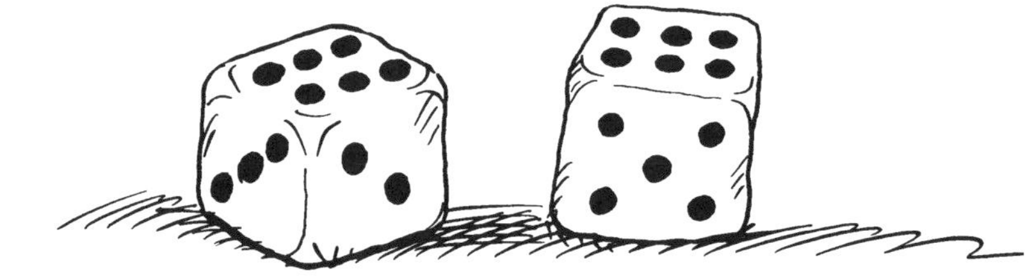

So sieht das in Noten aus:

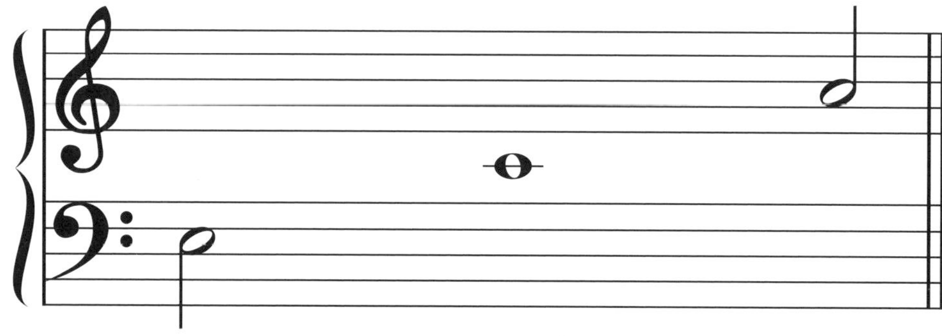

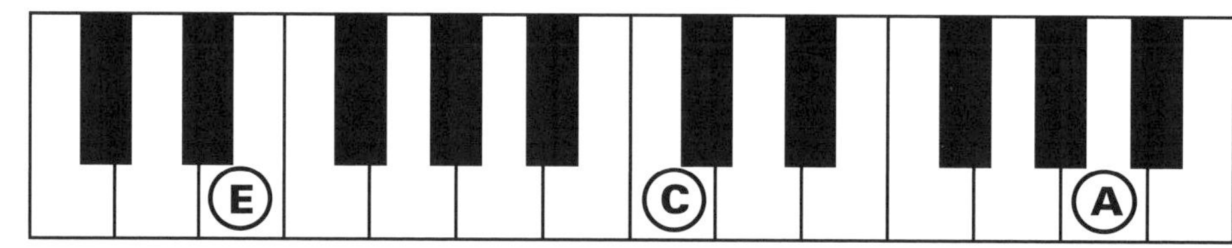

MUSIKERSPRACHE

Der Abstand vom 1. zum 6. Ton heißt ***Sext.*** *Zwischen der* ***großen Sext*** *liegen genau 9 Halbtonschritte. Zwischen der* ***kleinen Sext*** *liegen nur 8 Halbtonschritte.*

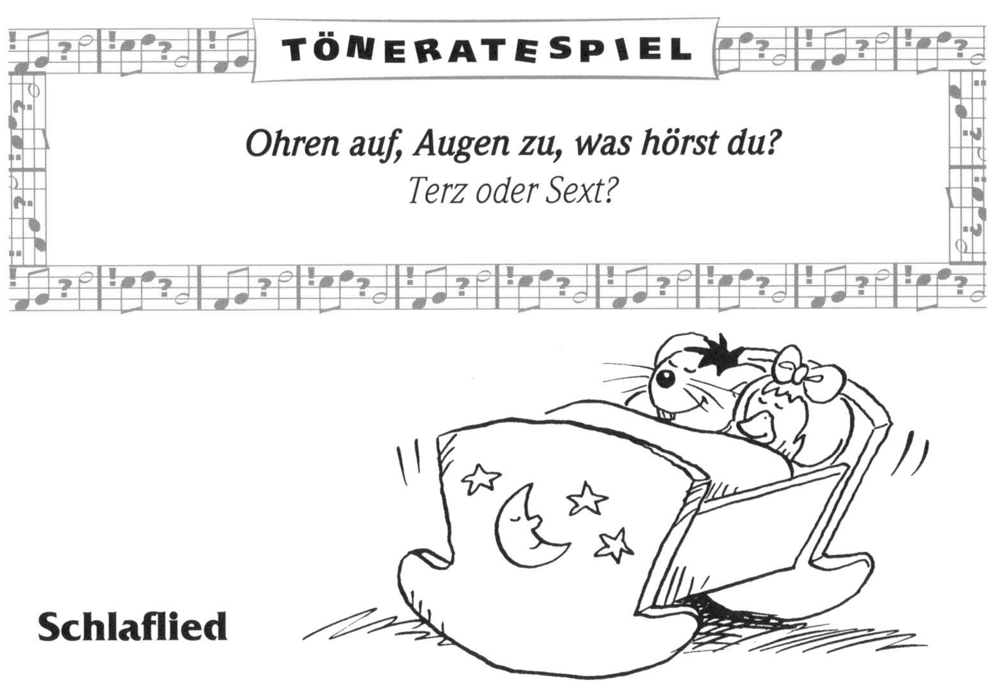

Schlaflied

Beim Schlaflied spielen die beiden wieder gleichzeitig. Es ist besonders wichtig, auf den Fingersatz zu achten, weil ja eine Taste übersprungen wird.

FINGERTRAINING

Adlerflug

Die Hände schweben wie Adler über der Tastatur, und wenn sie eine Sext gefunden haben, landen sie blitzschnell. Dann sind die Quinten dran und schließlich die Quarten. Besonders emsige Hände üben das erst mit einer Hand alleine und dann mit beiden Händen gleichzeitig. Damit sich Lilli und Resa nicht weh tun, machen sie ein paar Turnübungen: Sie spielen Raupengang: Immer wenn sie zwei Töne gleichzeitig anschlagen, fallen die Handgelenke nach unten, wenn sie weiter wollen, geben die Handgelenke nach oben nach, so wie eine Raupe sich fortbewegt.

Text und Musik: Margret Feils

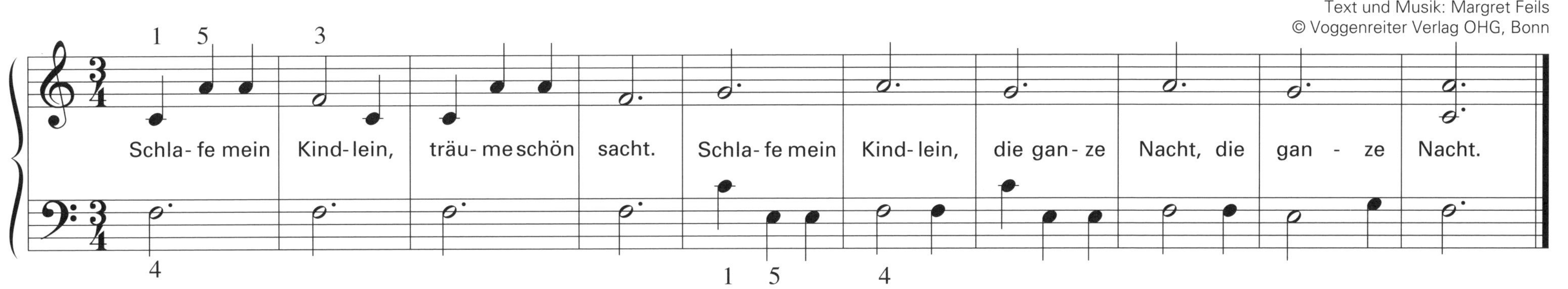

Und noch zwei neue Töne zeigen sich

„Wenn mein 5. Finger schon zum **A** kommt, dann schaff ich das **H** und das **C** auch noch!" sagt Resa stolz und probiert das sogleich aus.

„Was du kannst, kann ich auch", erwidert Lilli und spielt mit ihrem 5. Finger zunächst das **D** und dann das **C**.

So sehen die Noten aus:

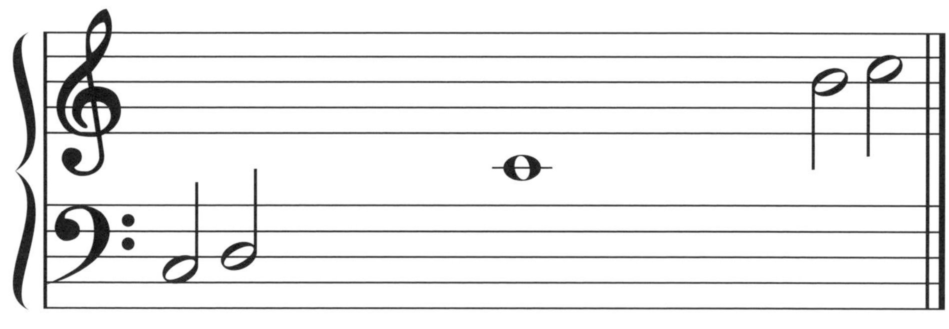

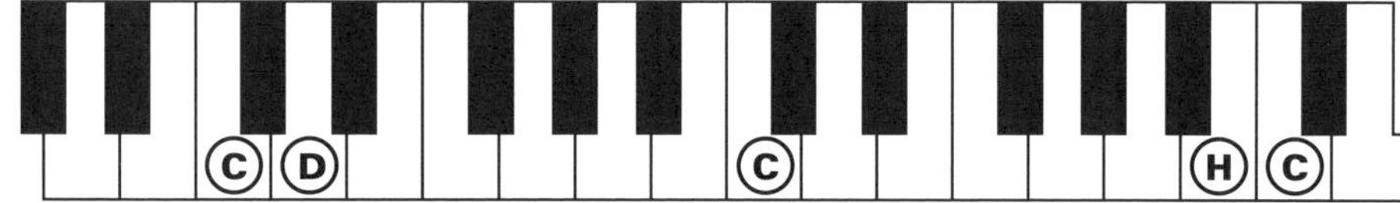

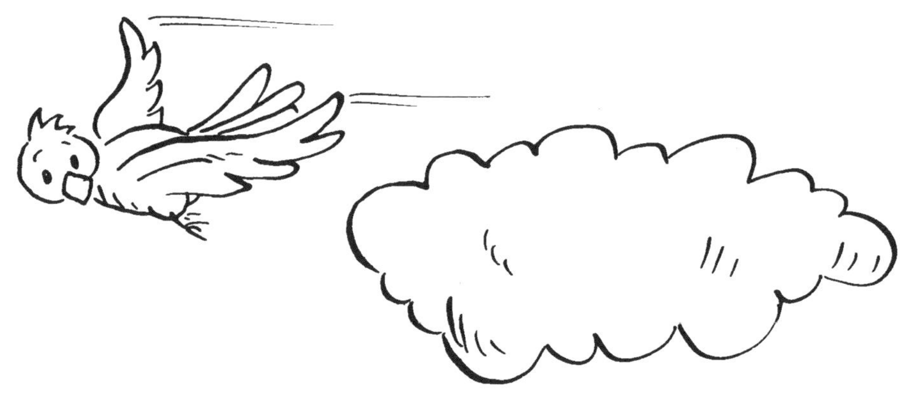

Tonleiterlied

Resas 5. Finger wandert nun über **A** und **H** hinauf zum **C**. Lilli wandert über **E** und **D** hinab zum **C**.

Text und Musik: Margret Feils

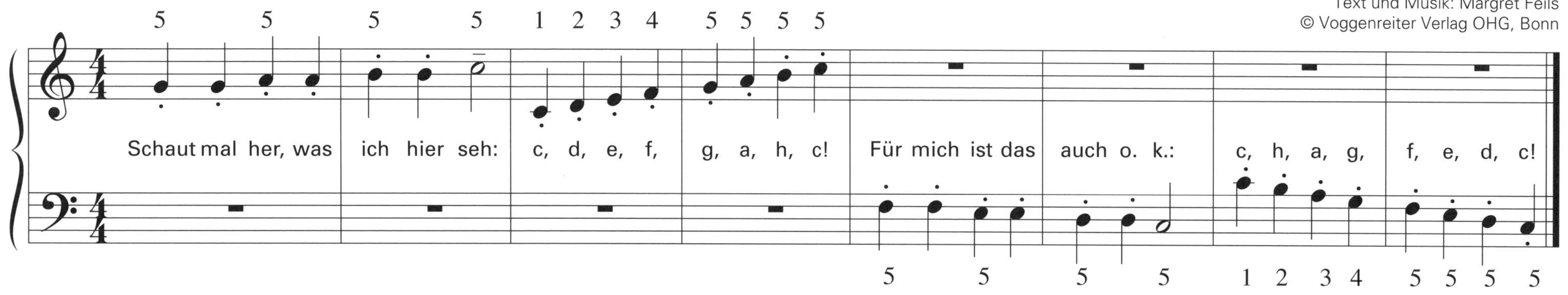

MUSIKERSPRACHE

Der Abstand vom 1. zum 7. Ton wird ***Sept*** *genannt. Zwischen der* ***großen Sept*** *liegen genau 11 Halbtonschritte. Zwischen der* ***kleinen Sept*** *liegen 10 Halbtonschritte. Der Abstand vom 1. zum 8. Ton heißt* ***Oktav.*** *Wenn genau 12 Halbtonschritte dazwischen liegen, nennen die Musiker das eine* ***reine Oktav.*** *Die Tonreihe* **C D E F G A H C** *wird von den Musikern* ***C-Dur-Tonleiter*** *genannt.*

TÖNERATESPIEL

Ohren auf, Augen zu, was hörst du?

Große Sext oder große Sept?

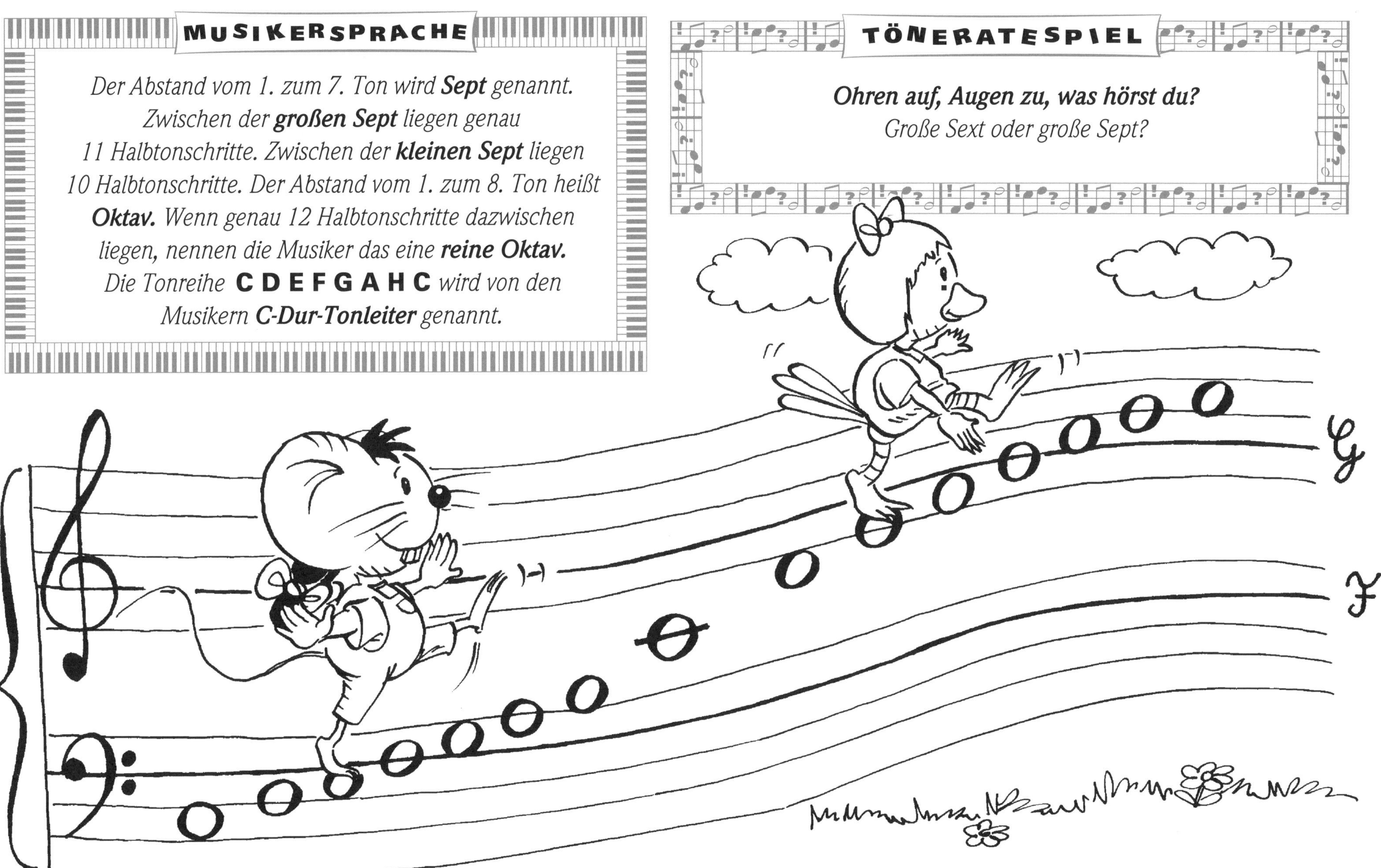

Wett-Aufsagen

Wer kann die Reihe vom **C** an aufwärts aufsagen, ohne einen Ton zu vergessen? Wer kann das abwärts:

1. auf die Tasten schauen,
2. auf die Noten schauen,
3. mit geschlossenen Augen?

1				
2				

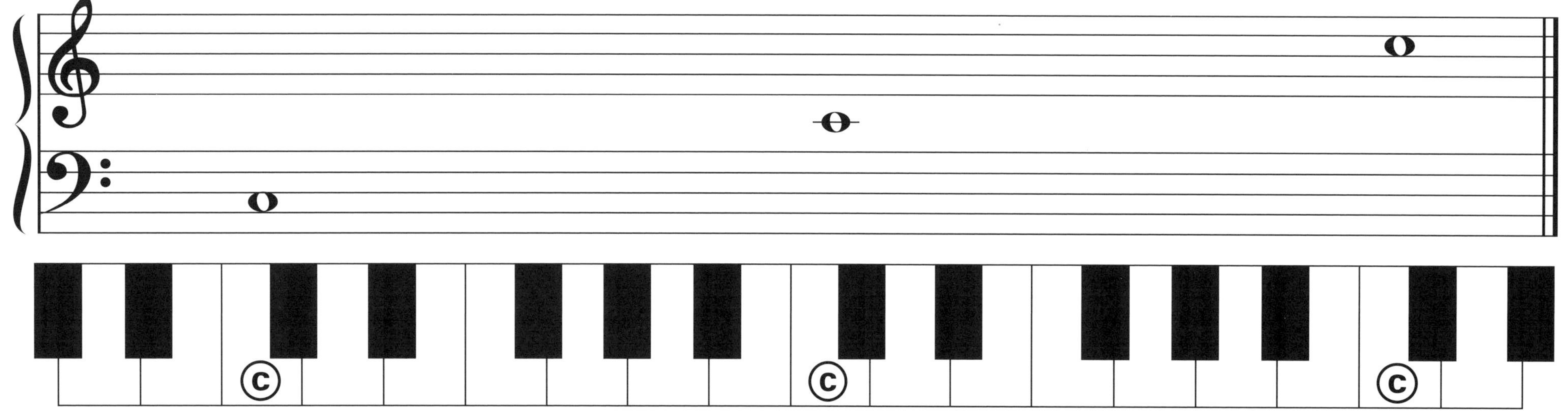

Notenles- und Notenschreibübungen

Hier malen die beiden eine Notenkette mit allen Noten, die sie bisher kennen. Lilli beginnt bei ihrem tiefen **C**. Dann fährt sie mit dem Finger über die Noten und bei „STOP" sagt sie, so schnell wie sie kann, den Notennamen und spielt dann die passende Taste dazu.

Daraus lässt sich auch ein prima Wettspiel machen: Für jede richtige Lösung gibt's einen Punkt, für jede falsche wird ein Punkt abgezogen. Wer hat als erster 10 Punkte erreicht?

1										
2										

Wir spielen zusammen

Nun können die beiden schon richtig schön zusammenspielen. Lilli ist ganz mutig hinuntergewandert und spielt mit ihrem 5. Finger das tiefe **C**. Resa springt im letzten Takt rauf zu ihrem hohen **C** und greift gleichzeitig noch das **E** dazu!

So sehen Lillis Noten aus:

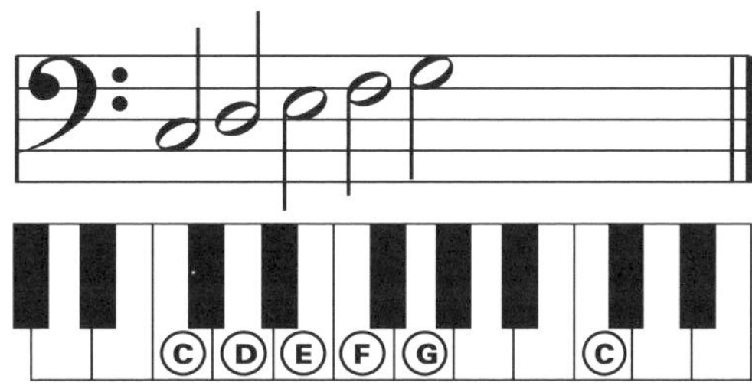

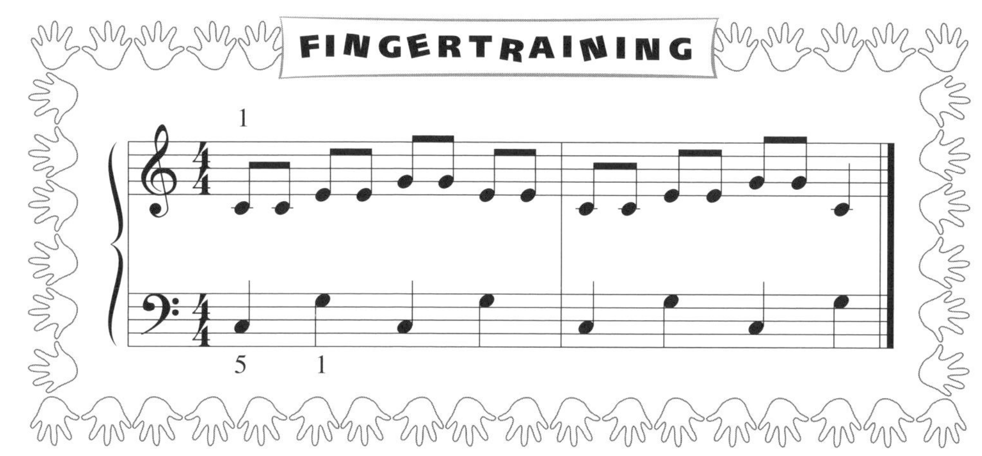

Text und Musik: Margret Feils

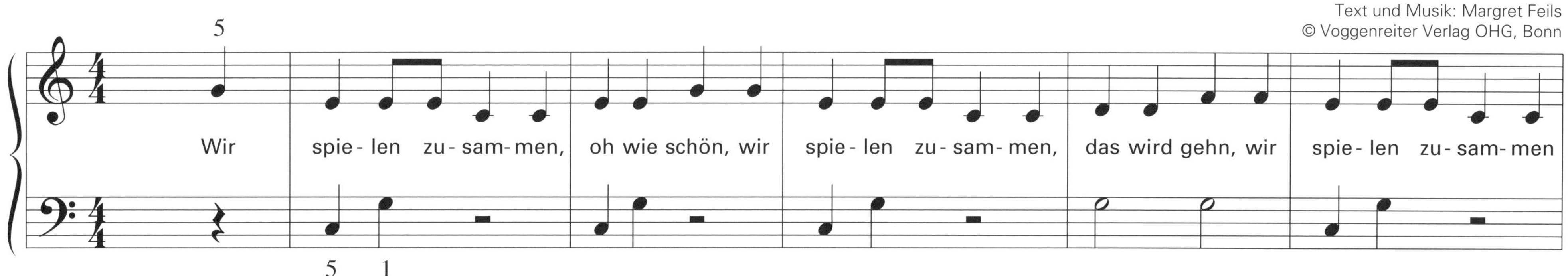

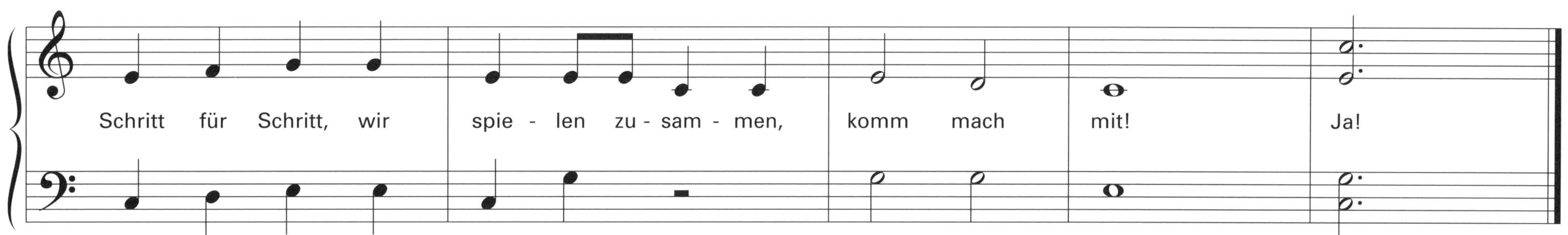

Das große Kreuzworträtsel

Hier haben Lilli und Resa ein Kreuzworträtsel hingemalt und sind nun gespannt, ob du es lösen kannst.

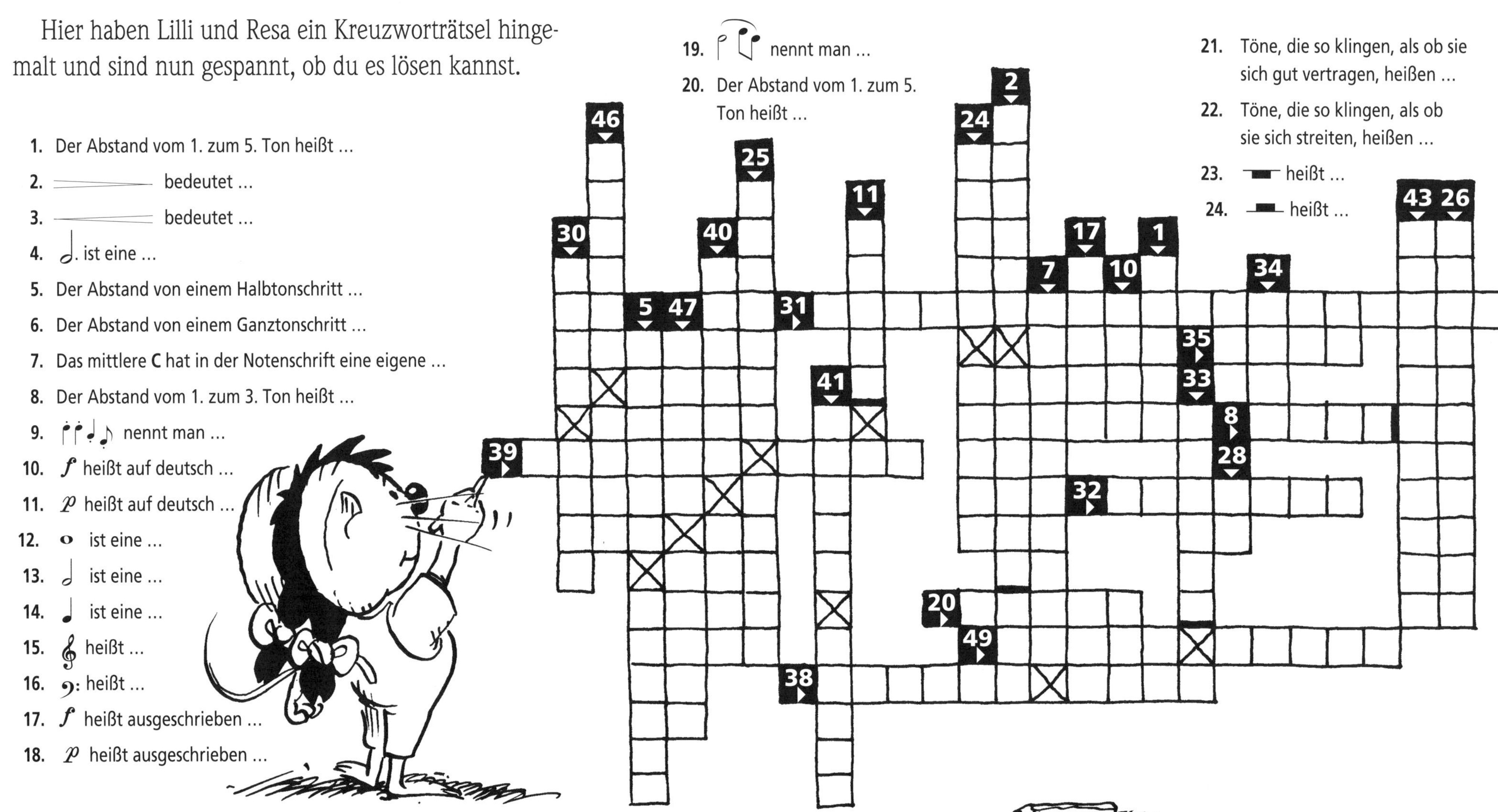

1. Der Abstand vom 1. zum 5. Ton heißt …
2. ——— bedeutet …
3. ——— bedeutet …
4. 𝅗𝅥. ist eine …
5. Der Abstand von einem Halbtonschritt …
6. Der Abstand von einem Ganztonschritt …
7. Das mittlere **C** hat in der Notenschrift eine eigene …
8. Der Abstand vom 1. zum 3. Ton heißt …
9. ♩♩♩♪ nennt man …
10. *f* heißt auf deutsch …
11. *p* heißt auf deutsch …
12. 𝅝 ist eine …
13. 𝅗𝅥 ist eine …
14. ♩ ist eine …
15. 𝄞 heißt …
16. 𝄢 heißt …
17. *f* heißt ausgeschrieben …
18. *p* heißt ausgeschrieben …
19. 𝅗𝅥 ♫ nennt man …
20. Der Abstand vom 1. zum 5. Ton heißt …
21. Töne, die so klingen, als ob sie sich gut vertragen, heißen …
22. Töne, die so klingen, als ob sie sich streiten, heißen …
23. 𝄻 heißt …
24. 𝄼 heißt …

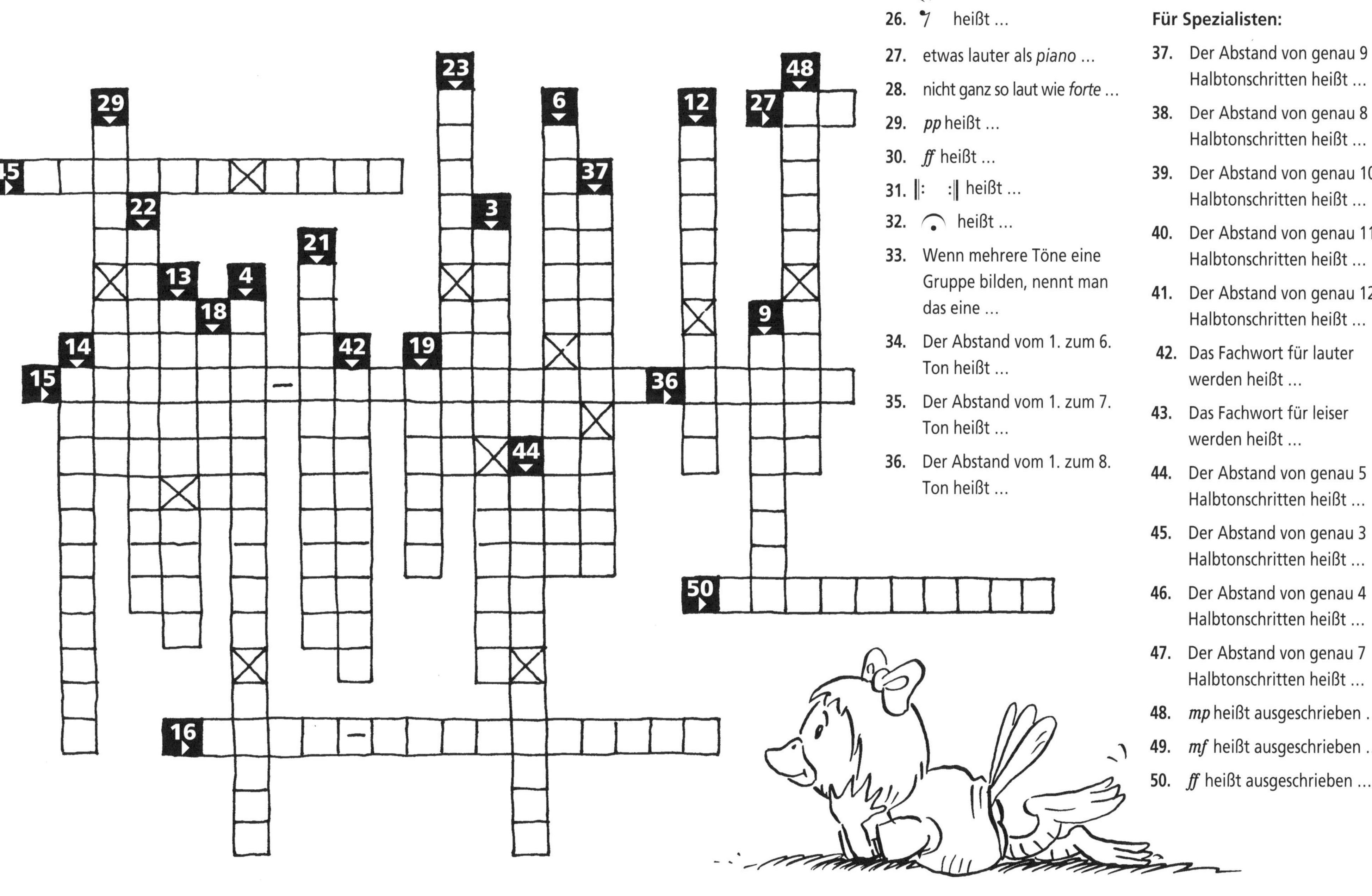

25. 𝄽 heißt …

26. 𝄾 heißt …

27. etwas lauter als *piano* …

28. nicht ganz so laut wie *forte* …

29. *pp* heißt …

30. *ff* heißt …

31. 𝄆 𝄇 heißt …

32. 𝄐 heißt …

33. Wenn mehrere Töne eine Gruppe bilden, nennt man das eine …

34. Der Abstand vom 1. zum 6. Ton heißt …

35. Der Abstand vom 1. zum 7. Ton heißt …

36. Der Abstand vom 1. zum 8. Ton heißt …

Für Spezialisten:

37. Der Abstand von genau 9 Halbtonschritten heißt …

38. Der Abstand von genau 8 Halbtonschritten heißt …

39. Der Abstand von genau 10 Halbtonschritten heißt …

40. Der Abstand von genau 11 Halbtonschritten heißt …

41. Der Abstand von genau 12 Halbtonschritten heißt …

42. Das Fachwort für lauter werden heißt …

43. Das Fachwort für leiser werden heißt …

44. Der Abstand von genau 5 Halbtonschritten heißt …

45. Der Abstand von genau 3 Halbtonschritten heißt …

46. Der Abstand von genau 4 Halbtonschritten heißt …

47. Der Abstand von genau 7 Halbtonschritten heißt …

48. *mp* heißt ausgeschrieben …

49. *mf* heißt ausgeschrieben …

50. *ff* heißt ausgeschrieben …

Lexikon

Anschlagsarten: s. *Portato, Staccato, Legato*

Auftakt: Wenn ein Stück mit einem unvollständigen Takt beginnt, nennt man das *Auftakt.* (S.35)

Bass-Schlüssel: 𝄢 Der Schlüssel für die tiefen Töne, er wird auch *F-Schlüssel* genannt. Der *F-Schlüssel* markiert die 4. Linie, auf dieser liegt das **F**. (S. 20, 58)

Crescendo: Das heißt „lauter werden". Entweder steht das Wort selbst zwischen den beiden Systemen oder das Zeichen ＜ (S.54)

Da Capo al fine: Das bedeutet, dass das Stück von vorne wiederholt wird und bei dem Wort *fine* (= Schluss) endet. (S. 34)

Decrescendo: Das heißt „leiser werden". Entweder steht das Wort selbst in den Systemen oder das Zeichen ＞ (S. 54)

Dissonanzen: Töne, die so klingen, als würden sie miteinander streiten, heißen *Dissonanzen.* (S. 66)

Fingersatz: Mit den Fingerzahlen kann man genau angeben, welcher Finger gerade gesetzt werden soll. Das nennt man *Fingersatz.* (S. 12)

Fermate: Wenn man auf einem Ton ein Weilchen ausruhen soll, dann steht über oder unter der Note das Fermate-Zeichen 𝄐. (S. 75)

forte: Das heißt *laut* und wird mit dem Buchstaben ***f*** abgekürzt. (S. 23)

fortissimo: Das heißt *sehr laut* und wird mit dem Buchstaben ***ff*** abgekürzt. (S. 73)

Haltebogen: Ein Ton kann mit einem Haltebogen verlängert werden. (S. 71)

Intervalle: Der Tonabstand zwischen zwei Tönen wird *Intervall* genannt. Die Tonabstände werden nach lateinischen Zahlen beziffert:

Prim = kein Halbtonschritt (S. 46)
Kl. Sekund = 1 Halbtonschritt (S. 40)
gr. Sekund = 2 Halbtonschritte (S. 40)
kl. Terz = 3 Halbtonschritte (S. 51)
gr. Terz = 4 Halbtonschritte (S. 51)
reine Quart = 5 Halbtonschritte (S. 57)
reine Quint = 7 Halbtonschritte (S. 63)
kl. Sext = 8 Halbtonschritte (S. 78)
gr. Sext = 9 Halbtonschritte (S. 78)
kl. Sept = 10 Halbtonschritte (S. 81)
gr. Sept = 11 Halbtonschritte (S. 81)
reine Oktav = 12 Halbtonschritte (S. 43)

Konsonanzen: Töne, die so klingen, als würden sie sich gut vertragen, heißen *Konsonanzen.* (S. 67)

Legato: Wenn Töne miteinander verbunden werden, so als würde man sie in einem Atemzug singen, nennt man das *Legato.* (S. 19, 53)

mezzo forte: Das heißt *mittel-laut* und wird mit den Buchstaben ***mf*** abgekürzt. (S. 73)

mezzo piano: Das heißt *mittel-leise* und wird mit den Buchstaben ***mp*** abgekürzt. (S. 73)

Notenwerte:

Ganze (Note) 𝅝 = Wird auch als Vier-Schlag-Note bezeichnet und enthält den Wert von 4 Viertelnoten. (S. 26)

Halbe (Note) 𝅗𝅥 = Wird auch als Zwei-Schlag-Note bezeichnet und enthält den Wert von 2 Viertelnoten. (S. 26)

Viertelnote ♩ = Wird auch als Ein-Schlag-Note bezeichnet und enthält den Wert von 1 Viertelnote. (S. 26)

Achtelnote ♪ = Enthält den Wert einer halben Viertelnote. Zwei Achtelnoten ergeben den Wert von 1 Viertelnote. (S.26)

Punktierte Note ♩. = Eine punktierte Viertelnote enthält den Wert von 1 $^1/_2$ Viertelnoten oder drei Achtelnoten. Der Punkt hinter einer Note verlängert diese um ihre eigene Hälfte. (S. 60)

Pausen:

Ganze (Pause) 𝄻, *Halbe (Pause)* 𝄼, *Viertelpause* 𝄽, *Achtelpause* 𝄾. (S. 69)

Phrase: Eine *Phrase* ist eine Gruppe von Noten, die zusammen gehören, so wie in der Sprache eine Gruppe von Wörtern einen Satz bildet. (S. 76)

Phrasierungsbogen: Der *Phrasierungsbogen* fasst diese Gruppe zusammen (er sieht aus wie der Legatobogen). (S. 76)

pianissimo: Das heißt *sehr leise* und wird mit den Buchstaben ***pp*** abgekürzt.(S. 73)

piano: Das heißt *leise* und wird mit dem Buchstaben ***p*** abgekürzt. (S. 23)

Portato: Wenn Töne voneinander getrennt, aber nicht so kurz wie Staccato erklingen sollen, nennt man das *Portato.* (S. 53)

Staccato: Wenn Töne ganz kurz und wie im Sprung angeschlagen werden, nennt man das *Staccato.* Ein Punkt über oder unter der Note zeigt an, dass *Staccato* gespielt werden soll. (S. 19, 53)

Takt: Die Musik wird in *Takte* aufgeteilt. Jeder *Takt* enthält gleich viele Grundschläge. Die Haupttaktarten sind *3/4-Takt* und *4/4-Takt.* (S. 33)

Violin- Schlüssel: 𝄞 Der Schlüssel für die hohen Töne, er wird auch *G-Schlüssel* genannt. Der *G-Schlüssel* markiert die 2. Linie, auf dieser liegt das **G**. (S. 20, 58)

Wiederholungszeichen: Wenn ein bestimmter Teil einer Melodie wiederholt werden soll, wird das *Wiederholungszeichen* gesetzt. Entweder beginnt man ganz von vorne, dann steht das Zeichen :‖ alleine, oder man wiederholt einen bestimmten Teil ‖: :‖, die Noten, die zwischen diesen Zeichen stehen, werden wiederholt. (S. 75)

URKUNDE

Hiermit wird von Lilli und Resa bescheinigt, dass

Die KLAVIER-SPIEL-SCHULE

mit Lilli und Resa

Band 1

erfolgreich abgeschlossen hat und jetzt mit Band 2 beginnen kann.

DATUM

LEHRER/IN

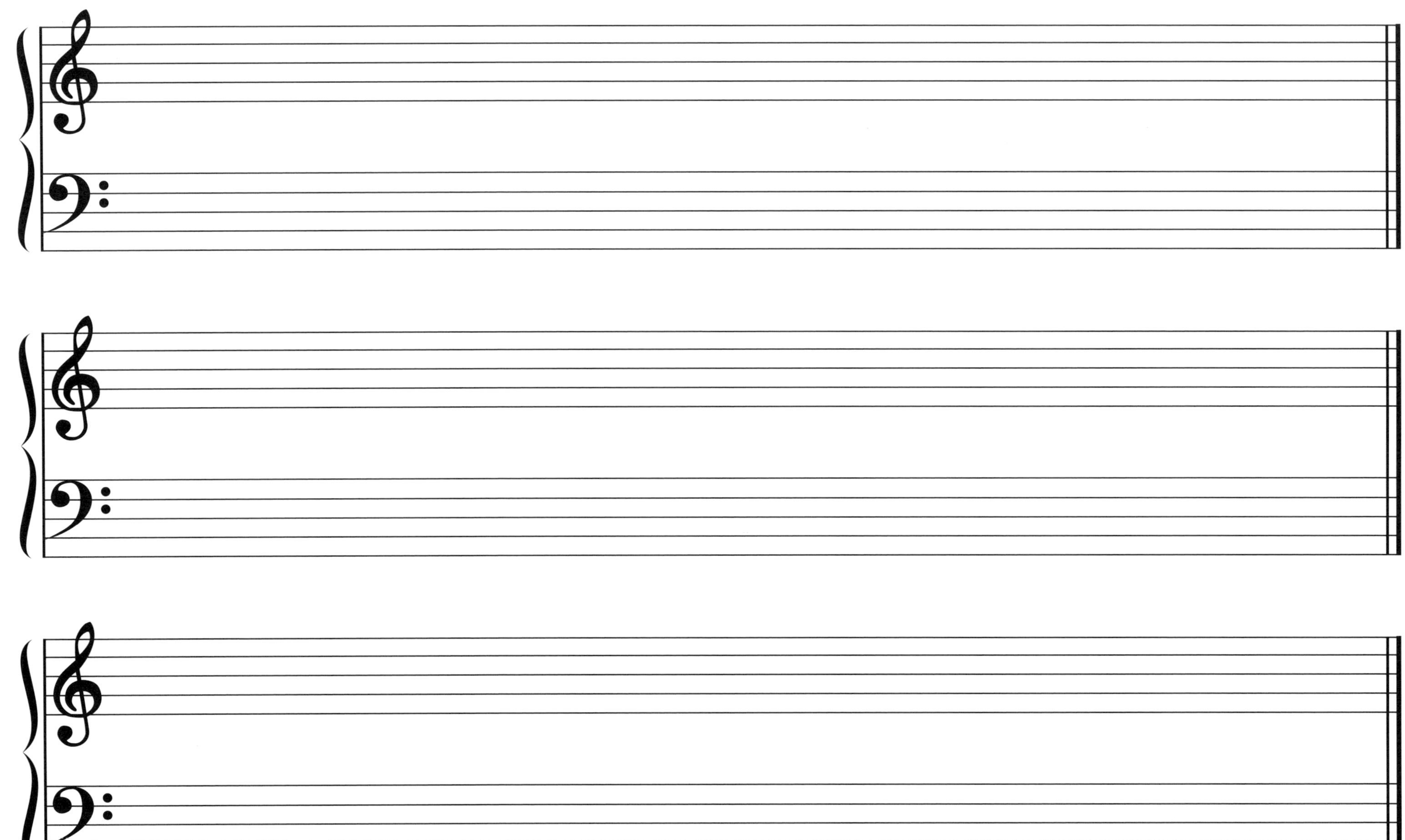